Carl Frederick Wilckens

Züge aus Thorvaldsens, Künstler und Umgangsleben

Carl Frederick Wilckens

Züge aus Thorvaldsens, Künstler und Umgangsleben

ISBN/EAN: 9783743355552

Hergestellt in Europa, USA, Kanada, Australien, Japan

Cover: Foto ©Thomas Meinert / pixelio.de

Manufactured and distributed by brebook publishing software (www.brebook.com)

Carl Frederick Wilckens

Züge aus Thorvaldsens, Künstler und Umgangsleben

Vorwort.

War Thorvaldsen ein großer Künstler, so war er in der That auch ein selten edler Mensch, milde und zuvorkommend in seinem Wesen, im höchsten Grade human und gerecht und frei von allem Künstlerhochmuth. In der Zeit, da ich den Beruf hatte, den großen, verewigten Meister zu bedienen, erfuhr ich und faßte ich manch edeln Zug von ihm auf sowohl als Künstler wie als Mensch. Ich bewahrte alle diese Züge in liebevollem Andenken, und später habe ich sie niedergeschrieben nebst mehren andern kleinen Zügen, die meiner Meinung nach auch Andern von Interesse sein könnten. Von den Vielen, welche die Sammlung vielfacher Gegenstände, die ich in meiner Heimath im Museum zum Andenken an die kurze, aber an so vielen schönen Erinnerungen reiche Zeit, die ich bei meinem lieben, entschlafenen Herrn zubrachte, aufbewahre, in Augenschein genommen haben, haben Mehre den Wunsch geäußert, daß ich diese kleinen Züge, unter denen ich gelegentlich einzelner erwähnt habe, sammeln und herausgeben möchte. Dies habe ich in den vorliegenden Blättern versucht, und es ist mein innigster Wunsch, daß sie dazu dienen mögen, das schöne Bild des weltberühmten Künstlers, das mehre ausgezeichneten Verfasser in ihren Schriften so klar geschildert haben, noch lebhafter darzustellen.

Copenhagen d. 1sten März 1874.

C. F. Wilckens.

Anhang.

Seite 2. Der voriges Jahr verstorbene Etatsrath J. M. Thiele, der auch als Dichter und Schriftsteller bekannt ist (unter Anderm hat er eine Lebensbeschreibung Thorvaldsens herausgegeben), war Secretair an der von Friederich V. gestifteten Akademie der schönen Künste. Diese hat ihr Local in dem auf dem Königs-Neumarkt gelegenen Schlosse Charlottenburg, in welchem immer mehre der bedeutendern Künstler freie Wohnung haben. Hier wohnte auch Thorvaldsen. — Es findet hier im Frühlinge jährlich eine Ausstellung der Arbeiten einheimischer, nicht selten auch fremder, besonders nordischer, Maler und Bildhauer Statt, nachdem vorerst die feierliche Vertheilung der den Künstlern zuerkannten Preismedaillen vor sich gegangen ist.

„ Der Professor J. K. Ursin († 1849), hatte damals die Verwaltung der ökonomischen Angelegenheiten der Kunstakademie in Händen.

Seite 8. Der Corsar war der Name eines mit vieler, oft beißender Laune vom Dichter M. Goldschmidt redigirten satirisch-politischen Witzblattes.

Seite 14. Johan Ludvig Heiberg († 25. August 1860), als genialer (besonders dramatischer) Dichter bekannt, beschäftigte sich sehr gern mit astronomischen Studien·

Seine Gattinn war die ausgezeichnete Schauspielerinn **Johanne Louise Heiberg**.

Seite 15. Das Schloß **Friederichsberg** liegt etwa eine Viertelmeile von Copenhagen entfernt, von einem reizenden Park umgeben. Es war früher die Sommerresidenz der königlichen Familie.

Seite 20. Der Etatsrath, Professor J. F. Schouw († 1849), Director des botanischen Gartens in Copenhagen, bekannt als Schriftsteller und Politiker. — Er wurde von den dänischen Künstlern zu einem der Vollstrecker des Thorvaldsen'schen Testaments und zu einem der Directoren des Museums für Thorvaldsens Arbeiten erwählt.

Seite 27. Der das von **Christian IV.** im niederländischen Renaissancestyl erbaute Schloß **Rosenburg** umgebende Garten gewährt durch seine prächtigen, schattigen Baumgänge und lieblichen Blumenpartien einen höchst angenehmen Aufenthaltsort, der auch fleißig von Alt und Jung besucht wird.

„ Ein Städtchen im Stifte Aarhuus in Jütland.

Seite 29. Die königliche Schießgesellschaft, zu der auch die Mitglieder der königlichen Familie gehören, ist die älteste Gesellschaft oder Brüderschaft in Dänemark, da sie aus dem Jahre 1542 stammt. Ihr Local ist die königliche Schießbahn, auf der Westerbrüdenstraße gelegen.

Seite 33. Die **Amalienburg** ist schon seit längerer Zeit als Residenzschloß des Königs benutzt worden. Das viel größere Schloß **Christiansburg** wird nur bei besonders feierlichen Gelegenheiten in Gebrauch genommen.

Seite 50. Der Geheime Conferenzrath (erster Finanzdeputirter) **Jonas Collin** († 1861) war Thorvaldsens treuer Rathgeber und Verwalter seiner Geldangelegenheiten.

VII

Seite 50. Der Geheime=Etatsrath Adler († 1852 auf einer Badereise in Bayern), war Cabinetssecretair bei dem Könige Christian VIII.
Seite 77. Der Professor Kjärschou ist ein noch lebender Landschaftsmaler.
Seite 83. Prästö, ein Städtchen auf der Insel Seeland.
Seite 113. Der Conferenzrath Thomsen († 25. Mai 1865) ist allgemein bekannt als gelehrter Alterthumsforscher.
Seite 127. Bournonville, im höchsten Grade ausgezeichnet als genialer Balletcomponist, ist Balletmeister am kgl. Theater in Copenhagen.

Auf eine sonderbare Weise wurde ich Thorvaldsens Kammerdiener. Mein Vater, der als Bote an den Maßmannschen Schulen angestellt war, hinterließ bei seinem Tode meine Mutter in dürftigen Umständen und mit mehren unversorgten Kindern. Da er immer bei seinen Vorgesetzten wohl angeschrieben gewesen war, wollten sie sehr gern etwas für seine Hinterbliebenen thun, und da meiner Mutter keine Pension zugestanden werden konnte, gestatteten sie ihr, in dem durch seinen Tod erledigten Dienste zu bleiben, wenn ihre Söhne ihr behülflich dabei sein könnten. Dies Anerbieten nahm sie mit Freuden an; mein älterer Bruder und ich leisteten ihr nun eine solche Hülfe, daß Alles zur Zufriedenheit des Vorstandes ausgeführt wurde. Nach meiner Confirmation mußte ich dran denken, ein Handwerk zu erlernen, und ich wählte nun, bei einem Schuhmacher in die Lehre gegeben zu werden. Kurz nachdem ich eine Gesellenprobe zur Zufriedenheit bestanden hatte, sagte mir einer meiner Gönner, der Probst Münter, er wolle es versuchen, mir eine Anstellung als Aufwärter an der Kunstakademie zu verschaffen, und da gerade eine solche Stelle erledigt war, schickte er mich sogleich mit einem Briefe zum Justizrath Thiele*), welcher, nachdem er denselben gelesen, zu mir sagte: „Ich finde Sie hier vom Probste und dem Professor Hetsch sehr warm empfohlen. Ich werde nun dem Präses der Akademie Ihr Gesuch vorlegen." Einige Zeit nachher bekam der Probst ein Schreiben von Thiele, in welchem dieser ihm mittheilte, daß ich die gewünschte Anstellung erhalten, und daß ich mich im Comptoir der Akademie einzufinden habe, um meine Instruxe in Empfang zu nehmen. Meine Freude war groß, indem ich eben an den Schulen angestellt wurde, die unter dem Professor Hetsch sortirten. Ob ich gleich bei meinen Vorgesetzten in Gunst stand, fühlte ich mich doch nicht recht zufrieden unter meinen Collegen. Es rührte dies vielleicht daher, daß sie älter im Dienste waren als ich; es gefiel ihnen vielleicht auch nicht, daß ich die Gemeinschaft mit ihnen vermied; schließlich dürfte es auch daran gelegen haben, daß ich ihnen mitunter von meinen Vorgesetzten vorgezogen wurde. So war meine Lage, als Thorvaldsen nach Dänemark zurückkehrte.

Ich wurde eines Tages ins Comptoir zum Professor Ursin*) hinaufbeschieden, der mich wissen ließ, daß ich vom Präses der Akademie, dem Prinzen

---

*) Wo ein solcher Asteriscus angebracht ist, wird auf den Anhang verwiesen.

Christian, zum Diener Thorvaldsens ausersehen sei. Als ich bemerkte, daß ich keine Lust habe, diesen Dienst anzutreten, erwiederte er: „Sie können nicht Nein sagen, wenn es des Prinzen Befehl ist, sonst müssen Sie Ihren Abschied nehmen; doch erwägen Sie sich die Sache reiflich, bevor Sie es thun."

Denselben Tag wurde ich zu Thiele gerufen. Er empfing mich sehr freundlich und sagte: „Sie haben diese Sache gewiß nicht ganz richtig aufgefaßt. Es ist ein Anerbieten, das Sie nicht ablehnen dürfen. Ich will Ihnen jetzt die Sache auseinander setzen. In Rom hat Thorvaldsen Künstler zu seinen Gehülfen gehabt, und die beiden, die ihn hierher begleitet haben, der Bildhauer Mathiä und der Maler Blunk, würden ihm fortwährend mit Bereitwilligkeit ihre Dienste leisten; dies stimmt aber nicht mit unsern Verhältnissen." „Als sein Bedienter soll ich ja wahrscheinlich hinten auf seinem Wagen stehen," wandte ich ein, „und dies ist mir sehr zuwider." „Ja, Wilckens, ist das der einzige Grund", versetzte Thiele, „so kommen Sie und gehen Sie mit mir zu Thorvaldsen hinüber, so können wir uns mit ihm darüber besprechen." Als wir nun zu Thorvaldsen hineintraten, sagte Thiele: „Ich bringe Ihnen hier den Diener, dessen der Prinz in der Versammlung erwähnte." „Empfangen Sie meinen Dank dafür, Thiele", sagte Thorvaldsen. „Ja," fuhr Thiele fort, „aber er hat einen Fehler." „Ei," rief Thorvaldsen aus, „da muß er ja ein sehr seltener Mann sein, wenn er nur einen Fehler hat: lassen Sie einmal hören, was das denn für ein Fehler ist." „Er liebt es nicht, hinten auf dem Wagen zu stehen, wenn Sie ausfahren." „Ist's nichts Anderes?" versetzte Thorvaldsen. „Ich fahre selten aus, und wann es geschieht, so mag ich nur ungern eine Schildwache hinten auf meinem Wagen haben. Bleiben Sie bei mir! Wir werden schon mit einander fertig werden. Sie sollen mir beim Anziehen behülflich sein, über alle meine Sachen Aufsicht führen, mich begleiten, wo ich nicht selbst den Weg kenne, und kurz gesagt, Sie sollen mein Gedächtniß sein." Ich fühlte mich ganz beschämt, daß ich Einwendungen dagegen gemacht, in den Dienst des großen Künstlers zu treten, der mir mit solcher Güte und Freundlichkeit entgegen kam. So gut ich es vermochte, fing ich nun an, ihm meinen Dank auszusprechen; Thorvaldsen unterbrach mich aber und sagte: „Ja, Sie bleiben nun wohl gleich bei mir?" Thiele bemerkte: „Das kann er nicht, er muß erst seine Schulen abgeben." Als ich Tags darauf bei Thorvaldsen erschien, war mir sehr ängstlich zu Muthe. Thorvaldsen konnte mir es ansehen und fragte mich, ob es mich gereue, sein Anerbieten angenommen zu haben. Ich erwiederte: „Nein, Herr Conferenzrath, ich fürchte nur, daß ich den Ansprüchen, die Sie an mich stellen, nicht werde genügen können." „Meine Ansprüche sind nicht groß, Wilckens", versetzte Thorvaldsen. „Ich habe nie früher einen Diener gehabt:

es ist ja der Prinz, der Sie für mich ausersehen hat." Ich antwortete: „Wenn Sie einige Nachsicht mit mir haben wollen, Herr Conferenzrath, dann werde ich nach bestem Vermögen dahin streben, Alles, was Sie mir künftig auftragen, auszurichten." „Das, was ich wünsche," sagte er, „ist, daß Sie mir beim Anziehen und bei meiner Garderobe behülflich sind, und daß Sie mich begleiten, wenn ich irgendwo hin soll, indem ich oftmals nicht im Stande bin, mich in der Stadt zurecht zu finden, ja, ich weiß mitunter kaum, wer die Menschen sind, deren Einladungen mir zugehen; ich fahre nicht, das sagte ich Ihnen ohne Zweifel gestern. Ich werde Sie deshalb die Einladungen in Empfang nehmen lassen, und Sie können sie dann ordnen — gehen Sie darauf ein?" fügte er lächelnd hinzu, „so setze ich Sie hiemit als meinen Hofmeister ein. Worauf es mir am Wesentlichsten ankommt, ist, daß Sie über meine Kunstsachen und Sammlungen die sorgfältigste Aufsicht führen. Kommen Sie nun, und lassen Sie mich Sie sogleich mit meinen Sachen bekannt machen." Darauf gingen wir in den Zimmern und im Atelier herum, wo er mir Alles zeigte, und dann ging er an seine Arbeit, indem er sagte: „Wenn Sie nun so viel wie möglich um mich sein wollen, wann ich zu Hause bin, so leisten Sie meinen Ansprüchen volle Genüge." Ich war meiner Ängstlichkeit bald Herr geworden, und nach Verlauf von acht Tagen konnte ich mir's nicht denken, was mich je dazu sollte bewegen können, Thorvaldsen zu verlassen.

II.

Nachdem Thorvaldsen erfahren hatte, daß ich verheirathet sei, sagte er: „Warum haben Sie mir nicht gesagt, daß Sie verheirathet sind? Ihre Frau kann ja sehr gut hier wohnen, und das wird ja weit angenehmer für Sie sein." „Nein, Herr Conferenzrath," erwiederte ich, „Sie haben ja eine Haushälterinn." „Mit ihr bin ich niemals zufrieden gewesen," versetzte er, „und sie wird nicht brodlos werden, wenn ich ihr kündige, denn sie hat Mehre hier in der Akademie zu bedienen. Sprechen Sie mit Ihrer Frau darüber. Es ist ja Raum genug für uns Beide." Ich ging mit Freuden auf das Anerbieten ein, und der Umzug war bald bewerkstelligt.

Als meine Frau Thorvaldsen begrüßte, sagte er: „Sie hätten hier schon längst sein können, die Schuld liegt aber nicht an mir; Ihr Mann hätte mir früher das sagen können, daß er verheirathet sei."

III.

Eines Tages war Thorvaldsen bei Christian VIII. zur Tafel gezogen. Als ich ihn von da abholte, erzählte er mir, daß ihn der König gefragt habe, wie er mit seinem neuen Diener zufrieden sei, worauf er geantwortet habe: „Ich bin so wohl mit ihm zufrieden, Ihre Majestät, daß ich ihn bereits zu meinem Hofmeister ernannt habe." Einige Tage später kam der Kammerherr Hagemann und lud ihn zu Mittag ein. Als ich ihn zu warten bat, während ich zu Thorvaldsen hineinging, um ihn zu fragen, ob er die Einladung annehme, sagte der Kammerherr: „Sie werden es schon bestimmen können. Thorvaldsen hat vor einigen Tagen über der Tafel dem Könige mitgetheilt, daß man, wenn man seiner Gegenwart gewiß sein wolle, an Sie sich zu wenden habe." Ich erwiederte, daß sei nur eine scherzhafte Äußerung gewesen, und daß ich ohne seine eigene Einwilligung Niemandem sein Kommen zusagte. Ich ging nun zu Thorvaldsen hinein, und er nahm die Einladung an. Einige Zeit nachher stattete der König meinem Herrn einen Besuch ab. Beim Weggehen sagte er: „Es freut mich, daß Thorvaldsen so zufrieden mit Ihnen ist, daß er Sie sogleich zu seinem Hofmeister ernannt hat: ich werde Ihnen das gedenken." Dies that der König denn auch, wie man später ersehen wird, und zwar auf königliche Weise.

IV.

Da Thorvaldsen häufig eingeladen wurde, traf es sich manchmal, daß Einladungen von verschiedenen Seiten an einem und demselben Tage an ihn ergingen. Wenn er längere Zeit aus dem Hause gegessen hatte, pflegte er zu sagen: „Wilckens, nun muß ich

Quarantaine halten, um auszuruhen und auch ein
bischen in's Theater kommen zu können." Es dauerte
indessen nicht lange, bis er wieder Einladungen
annahm. Zu Hause lebte er höchst einfach; des Morgens trank er für gewöhnlich süße Milch und nahm
dazu ein Paar Zwiebäcke, was er öfters im Bette
genoß. In der Regel stand er etwas nach 7 Uhr
auf. Seine Morgentoilette war höchst einfach. Sie
bestand nur aus Unterbeinkleidern, Socken, Morgen-
schuhen und einer Blouse nebst einer seiner Arbeits-
mützen. Er las gewöhnlich den „Corsar"*), welcher
seine Lieblingslecture und das einzige Blatt war,
welches er hielt. Wenn er mit dem Lesen fertig
war, ging er an seine Arbeit. Im Saale führte er
seine Basreliefs und Büsten aus. Ich hatte für
dieses Zimmer einen der Stühle, die für die Mitglieder der Akademie bestimmt waren, bekommen,
worin er recht gemächlich saß und seine schwachen
Beine ausruhen lassen konnte. Im Atelier führte er die
größeren Werke aus. Er wünschte immer, daß ich
während der Arbeit zugegen sei, zum Theil, damit
ihn die Besuchenden nicht stören möchten; er ver-
sagte ungern Jemandem den Zutritt zu seinem Atelier; aber nicht immer war er geneigt, sich mit ihnen
in ein Gespräch einzulassen. Ich mußte deshalb oft
die Besuchenden bitten, Thorvaldsen nicht anzureden,
wenn er arbeitete. Ob ich gleich oftmals diese Bitte
wiederholte, unterließen sie es manchmal doch nicht,
besonders nicht die Schweden. Bei solchen Gelegen=

heiten pflegte er ihre Fragen mit einem stummen
Kopfnicken zu beantworten; er begrüßte sie aber immer
freundlich, sowohl wenn sie kamen als wenn sie gingen.

Wenn er zu Hause aß, war es gewöhnlich um
3 Uhr. Meine Frau deckte ihm dann den Tisch in
seiner Wohnstube, wo er es besonders liebte, in
seinem Sopha zu sitzen. Seine Mahlzeit bestand aus
einfachen, dänischen Speisen. Er aß gern Fleisch=
suppe mit Fleischklößen, wovon er sechs bis acht
verzehrte, und Fleisch mit einer Meerrettigsauce; dazu
trank er eine Flasche Weißbier. Komisch nahm es
sich aus, wenn er anfing vom Fleische zu essen, wie
er es herumdrehete und ein Stückchen hier, ein anderes
da abschnitt, wo es ihm am besten gefiel. Zum
Nachtisch bekam er Pfannkuchen. Es machte mir
immer große Freude zu sehen, mit wie gutem
Appetit er seine einsame Mahlzeit genoß. Eines
Tages sprach er indessen den Wunsch aus, gemein=
schaftlich mit meiner Frau und mir in unserer
Stube zu essen, welches, meinte er, ihr doch eben
keine größere Last aufbürdete. Ich nahm längere
Zeit zu verschiedenen Ausreden meine Zuflucht,
mußte aber zuletzt mit der Wahrheit hervorrücken
und erwiederte dann: „Was glauben Sie wohl, Herr
Conferenzrath, was die Leute sagen würden, wenn
sie erführen, daß Sie mit Ihrem Diener und seiner
Frau zu Tische säßen?" „Glauben Sie wohl, daß
ich mich um das Gerede der Leute bekümmere?"
rief Thorvaldsen aus. „Das brauchen Sie auch

nicht, Herr Conferenzrath," lautete meine Antwort, „von mir würde man aber sagen, es sei höchst unpassend, daß ich Ihr freundliches Anerbieten annähme." Er wurde ein Bischen verdrießlich darüber und verklagte mich vor dem Etatsrath Thiele und dem Geheimerath Collin; sie sagten ihm aber beide, daß mein Benehmen vollkommen richtig gewesen wäre.

Es geschah oftmals, daß ihn einige seiner Freunde besuchten, wenn er zu Tische saß, und er bat sie dann immer zu Gast. Oehlenschläger nahm bisweilen das Anerbieten an, wenn es Fleischsuppe, und der frühere Schauspieler Heger, wenn es gelbe Erbsen gab, die sein Leibgericht und Thorvaldsens zweites Leibgericht waren. Bei solchen Gelegenheiten sprach Thorvaldsen sich mit großer Zufriedenheit sowohl über das Essen, als über die Weise, wie der Tisch gedeckt war, aus. Als er so einmal mitten in der Mahlzeit war, hielt er plötzlich inne und rief dann aus: „Aber wer hat mir doch all das Silberzeug geschenkt, denn ich erinnere mich dessen nicht." Ich wurde etwas betroffen und erwiederte zuletzt: „Aber, Herr Conferenzrath, das sind ja meine und meiner Frau Hochzeitgeschenke." Als er nun diese Silbersachen mit unseren Namen bezeichnet sah, lächelte er über seinen Irrthum und sagte: „Ich wußte in der That nicht Anders, als daß die Sachen mir gehörten." Er hatte gar kein Tischgeräth; das war nun aber eine Sache, über die zu denken es ihm nie in den Sinn kam, und wir gebrauchten

deshalb unseres für seinen Tisch. — Er legte großen
Werth darauf, nach Tische, wenn die Witterung
günstig war, einen Spaziergang mit mir zu machen,
bevor ich ihn nach dem Theater begleitete, und es
war selten, daß er von da nach Hause ging, indem
er gewöhnlich zu irgend einer Abendgesellschaft ein=
geladen war; ging er aber nach Hause, mußte meine
Frau ihm gewöhnlich fünf bis sechs Butterbrödte
geben, dazu ein Paar Eier, holsteinische Häringe
oder aufzulegendes Fleisch; hiezu trank er das Bier,
das vom Mittag übrig geblieben war. Wenn er
zu Bette ging, es mochte nun früh oder spät sein,
insgemein war es um 1 oder 2 Uhr, bekam er
immer eine Tasse warme Hafersuppe, worauf er
großen Werth legte. Wenn wir um 12 Uhr nach
Hause kamen, und meine Frau ihm gute Nacht
sagte, wünschte er auch ihr immer sehr freundlich
eine gute Nacht und fügte dann hinzu: „Nun, heut'
Abend sind wir denn als ordentliche Leute nach
Hause gekommen."

V.

An einem Sonntag Morgen kam ein einfach,
aber reinlich und ordentlich gekleideter Mann und
fragte, ob er wohl Thorvaldsen zu sprechen be=
kommen könne. Ich fragte ihn nach seinem An=
liegen, und er antwortete: „Ich komme nicht, um
Thorvaldsen um etwas zu bitten; ich möchte aber

gerne wissen, ob wir, wie ich vermuthe, verwandt sein sollten, denn ich bin ein geborner Isländer und heiße Thorvaldsen." Er war Brückenwächter an der „Knippelsbrücke" und etwa 50 Jahr alt. Als ich ihn bei Thorvaldsen anmeldete, sagte er: „Lassen Sie den Mann hereinkommen." Sobald ich ihn hineingeführt hatte, hieß Thorvaldsen ihn sogleich, im Sopha neben sich Platz nehmen. Er verweilte eine gute Stunde bei meinem Herrn, der mit großer Gutmüthigkeit sein Familienregister anhörte, welches sehr gemischten Inhalts war. Während des Gesprächs sagte Thorvaldsen „Ja" zu Allem, was er vorbrachte, und beim Weggehen fragte er ihn, ob er irgend einer Unterstützung bedürfe. „Ich danke," erwiederte der Mann, „ich habe einen Dienst, der mich hinreichend versorgt, aber ich hatte ein Bedürfniß, mit Ihnen zu sprechen, Herr Conferenzrath, um zu erfahren, ob wir etwa Verwandte wären." Thorvaldsen bat ihn, so oft er Lust hätte, ihn zu besuchen, er würde immer willkommen sein. Er stellte sich auch jeden zweiten oder dritten Sonntag ein. Einmal, nachdem er gegangen war, fragte ich den Conferenzrath, ob der Brückenwächter ihn um Unterstützung ersuche. „Nein," versetzte er, „aber er will gern in Verwandtschaft mit mir sein, und wenn ihm das Freude machen kann, so kann ich ihn ja gern in dem Glauben lassen, ob ich gleich nicht das geringste Familienband zwischen uns zu entdecken vermag." Wenn der brave Isländer sich

entfernte, war er immer sehr dankbar, daß er vor=
gelassen worden war, und es geschah manchmal,
daß ich viele vornehmen Besuche abweisen mußte,
während er sich bei Thorvaldsen aufhielt, weil dieser
sich nicht darein schicken konnte, daß der einfache
Mann sich genirt fühlen sollte. — Eines Tages,
da das Wetter sehr schön war, fragte ich Thor=
valdsen, ob er nicht Lust habe, einen Spaziergang
zu machen, wozu er sehr bereit war. Als wir auf
den Marktplatz hinaus kamen, sagte er: „Wo gehen
wir nun hin, Wilckens?" „Hätten Sie nicht Lust,
Herr Conferenzrath, nach der Knippelsbrücke hin=
zugehen und Thorvaldsen in seiner Function zu
sehen?" fragte ich. „Das war ein prächtiger Ein=
fall von Ihnen," erwiederte er, „ja, dahin lassen
Sie uns gehen!" Als wir uns der Brücke näherten,
sah ich sogleich den Isländer und äußerte gegen
Thorvaldsen, daß wir sehr gut über die Brücke
gehen könnten, ohne ihn merken zu lassen, daß
wir ihn gesehen: Thorvaldsen sagte aber: „Nein,
Wilckens, er hat mich so oft besucht, nun will·ich
seinen Besuch erwiedern", worauf wir zu ihm hin=
traten, wie er da stand in seiner Brückenwächter=
uniform. Thorvaldsen ergriff seine Hand und schüt=
telte sie, worüber der Mann ganz verschämt wurde.
Das Gespräch war nun bald angeknüpft und dauerte
so lange, daß ich mir Mühe geben mußte dasselbe
zu unterbrechen, weil sich sonst eine große Menschen
masse um uns her gesammelt haben würde, indem

Niemand begreifen konnte, was Thorvaldsen wohl mit dem Brückenwächter zu verhandeln haben könne. Als wir nun endlich weiter gingen, fragte ich den Conferenzrath, ob er nicht etwa Lust haben könne, da wir in der Nähe der Wohnung des Etatsraths Heiberg*) uns befänden, dort eine Visite zu machen, er sei da gewiß schon seit längerer Zeit erwartet. Mein Vorschlag gefiel ihm sehr gut: als wir aber dahin kamen, war die Frau Heiberg nicht zu Hause, und der Etatsrath, der ihn durch Vorzeigen seiner astronomischen Instrumente zu unterhalten suchte, erreichte dabei nichts Anderes als ihn zu langweilen. Als wir wieder nach Hause gekommen waren, sagte Thorvaldsen: „Nun danke ich Ihnen recht sehr, Wilckens, daß Sie mich zu meinem braven Namensvetter hingeführt haben." „Ja," erwiederte ich, „nun sollen die Leute denn doch nicht sagen, daß Sie des geringen Mannes vergessen, weil Sie selbst der große Mann sind." „Hören Sie, Wilckens," sagte er darauf schelmisch lächelnd, „ich will es nicht in Abrede sein, daß von den beiden Visiten die beim Wächter mich am meisten amüsirte."

VI.

Obschon Thorvaldsen das Fahren nicht liebte, mußte ich doch eines Tages, da er den Theatermaler Wallich, und zwar gerade bei heftigem Regenwetter, besuchen wollte, ihn dazu überreden, in einer Droschke dahin zu fahren. Als er in den

Wagen einsteigen wollte, gerieth er zwischen der
Thüre, die zu schmal war, in die Klemme, daß er
weder hinein noch hinaus kommen konnte, bevor der
Kutscher das Verdeck herunter gelassen hatte, während
er seinen Sitz einnahm. Nachdem er nun hinein=
gekommen war, machte ihm der Gedanke, wie er
aus der Droschke wieder hinauskommen solle, große
Unruhe; der Kutscher mußte auch beim Aussteigen
dasselbe Manoeuvre machen. „Sehen Sie nun, Wil=
ckens," sagte er zu mir, „hätte ich es nicht viel
bequemer gehabt, wenn ich gegangen wäre?" — Ein
anderes Mal war Thorvaldsen bei Friederich VI.
auf dem Friederichsberger Schlosse*) zur Tafel ge=
laden. Da es sehr heiß war, und Thorvaldsen
eben keine starke Brust hatte, schlug ich ihm vor,
nach dem Schlosse zu fahren, wozu er sich nur ungern
verstand; es gelang mir indessen, ihn zu überreden,
und ich bestellte einen Wienerwagen. Als er nach
beendigter Toilette zum Abfahren bereit war, kam
ein Besuch, der ihn so lange aufhielt, daß ich mich
genöthigt sah, ihn auf die vorgerückte Zeit auf=
merksam zu machen. Er sagte nun: „Wir können
uns ja wohl noch eine Weile Zeit geben, wir fahren
ja dahin." Ich mußte meine Mahnung wiederholen,
und als wir fort sollten, bat ich den Kutscher,
schnell zu fahren. Als wir eine Strecke auf der
Friederichsberger Anhöhe zurückgelegt hatten, gerieth
das Fahren in Stocken; die armen Pferde waren
so außer Athem, daß sie still stehen mußten, um

sich zu erholen. Sie fingen zwar wieder an zu
ziehen, aber es ging so langsam, daß wir aussteigen mußten, um das Schloß zu erreichen. Als
ich bemerkte, daß wir zu spät kämen, sagte Thorvaldsen: „Ja, die Schuld liegt an den Pferden."
Bei unserer Ankunft im Schlosse stand man und
wartete, denn der König hatte den Befehl gegeben,
daß man Thorvaldsens Ankunft abwarten solle. Er
zuckte auf seine gewöhnliche Weise die Achseln und
sagte: „Die Schuld liegt nicht an mir; die Pferde
konnten mich nicht ziehen." Über der Tafel gab
Thorvaldsen eine humoristische Schilderung seines
Unfalls mit dem Fahren und erregte dadurch große
Heiterkeit. Als ich ihn abholte, fragte ich ihn, ob
der König sein spätes Kommen übel aufgenommen
habe. „Nein, ganz im Gegentheil," erwiederte
Thorvaldsen, „mein Unfall machte dem König so
viel Spaß, daß er darüber lachen mußte."

VII.

Wie ich Sammler wurde der zum Andenken
an den großen Künstler mir so theuern Gegenstände,
deren er einen großen Theil mir eigenhändig geschenkt hat, und die nach seinem Tode auf recht
mäßige Weise einen bedeutenden Zuwachs erhielten,
wird man aus dem Folgenden ersehen. Es waren
unter Thorvaldsens Freunden und Bekannten viele,
die seine verschiedenen Entwürfe und Handzeich=

nungen zu sehen wünschten, welchen Wunsch er auch bereitwillig erfüllte; da er sich aber niemals Zeit gab, sie zu ordnen, so herrschte immer eine wahrhaft künstlerische Unordnung in seinen Schränken und Schiebfächern. Es war eine Gewohnheit, die Thorvaldsen aus Italien mitgebracht hatte, welches sich auch zeigte, als Thiele dahin kam, um seine Papiere zu ordnen und einzupacken, denn er fand deren in allen Ecken und Winkeln, einige sogar im Holzkeller, sowohl auf dem Fußboden als in Kasten und Kisten. Als ich es sah, mit welcher Sorgfalt und Liebe Thiele Alles geordnet, selbst die kleinste, beschmutzte und verknüllte Bleistiftzeichnung, und sie behutsam ausgeglättet hatte, entstand der Gedanke in mir, auf dieselbe Weise mit Allem zu verfahren, was Thorvaldsen in seinen Papierkorb warf.

VIII.

Eines Tages kam der Kammerherr Falbe und sprach den Wunsch aus, Thorvaldsens Entwürfe und Zeichnungen zu sehen; er wollte aber am liebsten zu einer Zeit kommen, wo Thorvaldsen zu Mittag ausgebeten wäre. Als ich meinem Herrn dies meldete, antwortete er: „Diesem Wunsche des Kammerherrn will ich sehr gern Genüge leisten, aber Sie müssen zugegen sein, so lange meine Sachen vorliegen." Einige Tage später kam Falbe, und als ich nun Schränke und Schiebfächer öffnete, um die Zeich-

nungen herauszunehmen, staunte er sehr beim An=
blick der hier herrschenden Unordnung und sagte
zu mir: „Wie können Sie sich doch darein schicken,
diese Sachen in einer solchen Unordnung zu sehen?"
Ich antwortete ihm, daß die Schuld nicht an mir
liege, ich habe zu wiederholten Malen den Con=
ferenzrath ersucht, die Gegenstände zu ordnen, er
habe mir aber immer geantwortet: „Lassen Sie sie
nur liegen, sie liegen sehr gut." Tags darauf
erzählte ich Thorvaldsen, daß der Kammerherr Falbe
gesagt habe, die Schuld ruhe auf mir, wenn ich
nicht Sorge dafür trage, daß diese interessanten
Sachen geordnet würden. Ich bat meinen Herrn
deshalb, er möge mir einmal, wenn ein Regentag
einträfe, und ihn sonst keine Einladung daran
hinderte, eine Anweisung geben, wie die gewünschte
Ordnung bewerkstelligt werden könne. Thorvaldsen
spürte eben keine große Lust dazu, und ich mußte
meine Zumuthung mehrmals wiederholen, bis es
mir eines Tages gelang zu bewirken, daß er im
Schlafrock auf einen Stuhl sich hinsetzte, während
ich das eine Packet nach dem andern herausholte.
Einige derselben waren sehr hart zusammengedrückt,
und mehre waren entzwei gerissen. Es kam uns
auch ein Skizzenbuch, seine Jugendarbeiten ent=
haltend, in die Hände, zerknüllt und zerrissen. Ich
fragte ihn, ob er nicht finde, daß das recht Schade
sei, und ob es nicht zum Buchbinder geschickt werden
solle, um ausgebessert zu werden, aber er ant=

wortete: „Nein, es taugt nichts" und warf es hin unter andere cassirten Sachen. Ich bat Thorvaldsen, mir die von ihm cassirten Gegenstände zu schenken, aber er gab mir die Antwort: „Ich sehe am liebsten, daß Ihre Frau diese Sachen bekomme, um Feuer damit anzumachen, denn wenn Sie dieselben in Ihren Besitz nehmen, dann werden Sie sie ordnen und den Leuten diese Kritzeleien zeigen, und man wird sich lustig darüber machen." Ich drang indessen so lange mit Bitten in ihn, bis er zuletzt seine Einwilligung dazu gab, mir ein Geschenck damit zu machen. Da ich gesehen, mit welcher Sorgfalt Thiele die Zeichnungen geordnet hatte, die er unter Händen gehabt, gab ich mir auch Mühe, die meinigen mit gleicher Sorgfalt zu ordnen. Nach geendigter Arbeit zeigte ich Thorvaldsen meine Sammlung, und als er meine Freude daran bemerkte, sagte er: „Nun glauben Sie wohl, einen rechten Schatz zu haben." Daß es mir eine so große Freude machte, Alles zu sammeln, was er cassirte, gewährte indessen auch ihm ein solches Vergnügen, daß er mir öfters mehre Skizzen auf einmal schenkte, so z. B. die vier Entwürfe zu der Façade des Christiansburger-Schlosses. Ein andermal schenkte er mir die Entwürfe zu Luther und Melanchton, welche dazu bestimmt waren, in der Frauenkirche aufgestellt zu werden; ja selbst von seinen letzten Arbeiten hat er mir einige geschenkt. Wenn er mir einen Entwurf gab, sagte er oftmals: „Sie sollen ihn der Baroninn Stampe nicht zeigen, denn Sie legt sich auch auf's Sammeln, ebenso wie Sie." Als ich meine Zeichnungen geordnet hatte, wandelte mich die Lust an, sie meinen Vorgesetzten zu zeigen, und ich ging denn zuerst zum Etatsrath Thiele. Als er sie gesehen, sagte er: „Ja, Wilckens, darauf müssen Sie großen Werth legen, es scheint mir am besten, daß Sie Mehre dieses Geschenk sehen lassen." Ich ging nun zum Etatsrath Schouw*) am botanischen Garten, und er staunte darüber, daß mir Thorvaldsen so Vieles geschenkt hatte, um so mehr, als es ihm bekannt war, daß Mehre ihn vergeblich um Geschenke der Art gebeten hatten. Als ich zum Geheimrath Collin kam, sagte er: „Legen Sie großen Werth auf Thorvaldsens Güte gegen Sie; er pflegt sonst nicht seine Handzeichnungen mit verschwenderischer Hand zu verschenken."

IX.

Auf eine sonderbare Weise wurde ich ein Sammler von Thorvaldsens Haar. Ich bemerkte nämlich, daß seine Haarbürste und sein Kamm gereinigt wurden, ohne daß ich wußte von wem. Ich ließ es von nun an, wenn ich ihm beim Anziehen geholfen, meine erste Arbeit sein, den Kamm und die Bürste zu reinigen. Eines Tages kam die Baroninn Stampe zu mir und fragte: „Wer nimmt Thorvaldsens Haar? Ich habe es mehre

Tage vermißt, denn ich sammle es." Nun wußte ich also, wer sich mit dem Reinigen abgegeben hatte, und der Gedanke stieg sogleich in mir auf, daß ich schon längst damit hätte anfangen sollen. Ich erwiederte also: „Das thue ich, Ihro Gnaden, und ich hoffe, daß Sie es entschuldigen werden, wenn ich damit fortfahre; als Thorvaldsens Kammerdiener muß es mir ohne Zweifel gehören, wenn er hier in der Stadt sich aufhält". Um dessen gewiß zu sein, daß ich es nehmen dürfe, fragte ich ihn, ob ich das Haar, das ich aus dem Kamm herausnahm, oder das ich ihm abschnitt, behalten dürfe. Er lächelte und erwiederte: „Wollen Sie nun auch mein Haar sammeln? Ja, kann das Sie interessiren, meinetwegen sehr gern. Wollen Sie aber ein Haarsammler sein, so sollen Sie ein Löckchen von der Mutter Napoleons des Ersten bekommen." Mit diesen Worten trat er zu seinem Secretair hin und nahm ein Schächtelchen heraus, worin die Haarlocke lag, und gab mir die Hälfte davon. „Sehen Sie, das ist Haar, welches aufzubewahren es der Mühe lohnt", sagte er. Denselben Tag nahm er eine Schachtel hervor, worin Kalk von Raphaels Grab aufbewahrt war. Er war bei der Eröffnung des Grabes zugegen gewesen und hatte, wie alle die Andern, die dieser Feierlichkeit beiwohnten, etwas Kalk mitgenommen. „Da es scheint, daß Sie sich auf's Sammeln legen wollen", sprach er, „ist's wohl am besten, daß Sie auch hievon eine kleine

Portion bekommen", und ich nahm natürlich diese Geschenke mit Dank an. Als ich mehre Jahre nachher bei der Beisetzung Thorvaldsens in dem Museum bemerkte, daß einige Stücke vom Grabmonumente abgestoßen wurden, las ich sie auf, und bei dem Feste zum Andenken an Thorvaldsens Geburt vor hundert Jahren gab ich jedem Mitglied des Festcomités ein Stückchen davon.

X.

Friederich VI. zeigte sich immer sehr zuvorkommend gegen Thorvaldsen. Als der König erfuhr, daß die Fregatte, die Thorvaldsen nach Copenhagen bringen sollte, erwartet wurde, ernannte er ihn den 10ten September 1838 zum Conferenzrath. Erst am 15ten wurde indessen vom Commandeur Zahrtmann gemeldet, daß die Fregatte sich zeige, und nun wurde die Ernennung unverzüglich dem Commandeur zugestellt, mit der Ordre, dieselbe Thorvaldsen auf der Fregatte zu überreichen. Einige Tage nach seiner Ankunft, am 17ten, erhielt er vom Könige ein Schreiben, in welchem ihm die Erlaubniß ertheilt wurde, die nachfolgenden Decorationen zu tragen:

1. Das Großkreuz des Würtembergischen Friederichsordens.
2. Das Commandeurkreuz des würtembergischen Kronen-Ordens.

3. Das Commandeurkreuz des sächsischen Civilverdienstordens.
4. Das Commandeurkreuz der bairischen Krone.
5. Die Decoration als Ritter der Ehrenlegion.
6. Die Decoration als Ritter des Ordens delle due Sicilie.
7. Die Decoration als Ritter des Wladimirordens 4ter Classe.
8. Die Decoration als Ritter des preußischen rothen Adlers.
9. Die Decoration als Ritter der corona di ferro.
10. Die Decoration pro meritis von St. Lucca.

XI.

Gleicher Weise wollte der König im Jahre 1839 Thorvaldsen an seinem Geburtstage den 10ten November ein Ehrenzeichen ertheilen. Da nun Thorvaldsen gerade zu der Zeit sich auf dem Gute Nysö aufhielt, kam der Obereceremonienmeister Yoldi zu mir und fragte, ob ich wisse, ob Thorvaldsen seinen Geburtstag auf Nysö zubringen, oder ob er zur Stadt kommen werde. Obgleich mir Thorvaldsen gesagt hatte, daß er seinen Geburtstag in der Stadt feiern würde, konnte ich es doch nicht mit Gewißheit sagen, weil ich zugleich wußte, daß die Baroninn Stampe Alles aufbieten würde, um ihn zurückzuhalten. Am Tage vor Thorvaldsens Geburtstage wurde mir vom Könige ein versiegeltes

Schreiben an ihn zugestellt, und mit demselben folgte die Decoration des Großkreuzes vom Danne= brog. Später am Tage erschien der Graf Yoldi bei mir und überbrachte mir die Ordre, daß ich Thorvaldsen, falls er an seinem Geburtstage zu Hause sei, die genannte Decoration früh Morgens überreichen solle, wobei der Graf mir mittheilte, daß der König eine Stafette mit dem Großkreuze abgeschickt habe, die am 19ten Morgens auf Nysö eintreffen werde, da es ja möglich sei, daß Thor- valdsen da bleibe, und es des Königs Wille sei, daß die Decoration ihm eben an dem Morgen über= reicht werde. Thorvaldsen blieb wirklich auf Nysö, und die an mich abgegebene Decoration nebst dem Schreiben blieb bei mir. Einige Tage später kam der Graf, um das Kreuz und das Schreiben abzu= holen. Ich sagte ihm dann, es thäte mir sehr leid, daß ich nicht das Vergnügen gehabt hätte, meinem Herrn die königliche Gabe zu überreichen, worauf der Graf freundlich erwiederte: „Ich will das Schreiben mit mir nehmen, das Kreuz und das Band aber hier lassen, indem ich mir wohl denken kann, daß Sie diese Sachen gern in Ihrer Samm= lung aufbewahren wollen; ich werde den König fragen, ob er dies gestatten wolle." Am folgenden Tage erschien der Graf wieder und sagte: „Sie haben die Erlaubniß des Königs, das Kreuz und das Band zu behalten, aber ich will Ihnen seine eigenen Worte wiederholen, welche also lauteten: „Er darf sie bei meiner Seele nicht tragen." Ich bat den Grafen, Seiner Majestät meinen Dank zu überbringen für die große Gnade, die mir eine so außerordentliche Freude bereitete. Bei seiner Rückkehr zeigte ich Thorvaldsen das mir ertheilte Geschenk und erzählte ihm den ganzen Hergang der Sache; er lächelte darüber und sagte: "Ja, Wilckens, er ist ein guter König."

XII.

Eines Tages, als eine Truppenmusterung auf dem Norderfelde stattfinden sollte, war Thorvaldsen gerade übler Laune, zum Theil über die Schwierigkeiten, die sich wegen des Museums sowohl rücksichtlich der Bauart als des Bauplatzes erhoben. Um ihn zu zerstreuen, schlug ich ihm vor, die Revue mit anzusehen, wozu er auch bereit war. Als wir eine Weile die Musterung angesehen hatten, war der König durch einen Adjutanten auf Thorvaldsens Anwesenheit aufmerksam gemacht worden, und mit einem Male kam Seine Majestät, vom General Bülow begleitet, auf ihn zu geritten und fragte ihn nach gegenseitigen Begrüßungen, wie ihm der dänische Soldat gefalle. Thorvaldsen antwortete, daß ihm die flinken Bursche recht sehr zusagten. Als die Unterredung eine Zeitlang gedauert, sagte der König: "Ich höre, Thorvaldsen, daß Sie unzufrieden sind wegen der Uneinigkeit rücksichtlich Ihres Museums, und daß Sie daran gedacht haben, wieder nach Italien zurückzukehren. Das dürfen Sie nicht. Alles soll schon zu Ihrer Zufriedenheit geordnet werden." Thorvaldsen erwiederte darauf: „Wenn ich auch nicht unzufrieden wäre, Ihre Majestät, ich müßte dennoch dahin, da es dort Vieles für mich zu ordnen giebt, bevor ich auf immer Italien verlasse." „Das thut mir leid," versetzte der König, „ich sehe Sie so ungern von uns scheiden, Thorvaldsen." „Ich kann nicht anders, Ihre Majestät; man erwartet mich mit Gewißheit in Rom", war Thorvaldsens Antwort. „Nun mag's denn sein", sagte der König, indem er sich an mich wandte, „tragen Sie Sorge für Ihren Herrn, und bringen Sie ihn mir baldigst wieder zurück." Darauf ergriff er Thorvaldsens Hand und schüttelte sie recht liebevoll zum Abschied. Auf dem Heimwege sprach Thorvaldsen mit vieler Innigkeit über den König und äußerte, daß man gewiß schwerlich einen gutmüthigeren König finden würde als Friederich VI. „Gegen mich", fügte er hinzu, „hat der König zu allen Zeiten eine große Zuvorkommenheit an den Tag gelegt, welches mir große Freude macht."

XIII.

Einige Tage nach dem Tode Friederichs VI. sah man auf Thorvaldsens Arbeitstische mehre verschiedenen Entwürfe zu einem Monumente, welches er zum Andenken an den vielgeliebten verstorbenen König auszuführen gedachte. Unter diesen war einer, der den König im Krönungs=Ornat darstellte, und diesen war Thorvaldsen gesonnen auszuführen zur Aufstellung im Rosenburger=Garten*), und zwar da, wo der Herkules=Pavillon steht. Nachdem die Skizze in Gips geformt war, besuchte Christian VIII. das Atelier, um sie in Augenschein zu nehmen. Die Statue gefiel ihm, nur der von Thorvaldsen gewählte Platz war nicht nach seinem Sinn; der König meinte, sie würde besser in dem Gange angebracht sein, wo das Pferd und der Löwe stehen, dem Schlosse gerade gegenüber. Einige Tage nachher fragte ich meinen Herrn, was aus der Monumentsache würde. Er antwortete: „Diese Arbeit wird bis weiter unterbleiben. Dem König gefiel die Skizze nicht so ganz, das konnte ich schon herausfühlen, und mir gefiel der Platz nicht, den der König gewählt. Ich will es nun abwarten, bis man sich wieder deshalb an mich wendet." Einige Zeit nachher kam ein privates Ansinnen aus Skanderborg*) an Thorvaldsen; man wünschte einen Entwurf von ihm zu einem Monumente, das die Bürger der Stadt zur Ehre des geliebten, entschlafenen Königs zu errichten gedächten. Dies machte Thorvaldsen große Freude, und er arbeitete nun nach seinen Skizzen die Büste des Königs aus, nebst vier Basreliefs, die an den Seiten des Piedestals angebracht werden sollten.

Die Modelle wurden nach Rom geschickt und daselbst in seinem Atelier ausgehauen.

XIV.

Ein paar Jahre nach Thorvaldsens Ernennung zum Conferenzrath und ein Jahr nachdem er mit dem Großkreuz des Dannebrogordens decorirt war, wurde ihm Rangsteuer abgefordert, und er wurde sehr erstaunt, als ich ihm die Rechnung zeigte, die in diesen Jahren bis zu 150 Rthlr. gestiegen war. Als er sich etwas besonnen hatte, sagte er: „Ich begreife es gar nicht, wie man mir Geld abfordern kann für etwas, das ich mir nicht erbeten habe: ich bezahle das nicht." Ich mußte also die Rechnung abgeben und sagen, daß Thorvaldsen sich nicht veranlaßt finde, sie zu honoriren. Nach etwa einem Jahre erschien die Rechnung, um Vieles vergrößert, wieder nebst einem Schreiben, worin Thorvaldsen bedeutet wurde, daß Niemand sich von der Entrichtung dieser Steuer frei machen könne, und worin es ferner hieß, daß man, wenn die Rechnung nicht binnen einer gewissen Frist berichtigt sei, sich genöthigt sehen werde, ihm, dem Gesetze gemäß, die Bezahlung bestimmt abzufordern. Das Schreiben kam um die Zeit des Tages, wo Thorvaldsen bei seiner Arbeit stand, und um nicht gestört zu werden ließ er sich's von mir vorlesen. Da ich sah, um was es sich handelte, so las ich den Schluß nicht laut, indem ich aus Erfahrung wußte, daß er, wenn er einmal irgend etwas fest beschlossen, seine Meinung nicht ändere. In solchen Fällen wandte ich mich gern an den Etatsrath Thiele, und ich richtete darum nun die Frage an Thorvaldsen, ob es nicht am besten wäre, daß er die Sache abmache, welches er auch mit einem „Ja" bestätigte. Als ich zu Thiele kam, wollte er nichts mit der Sache zu thun haben, sondern verwies mich an den Geheimrath Collin. Nachdem ich diesem die Sache erklärt, lachte er und sagte: „Ja, Wilckens, von der Entrichtung dieser Steuer kann Thorvaldsen sich nicht freimachen, aber wir müssen ihn entschuldigen, das kann er nicht verstehen; ich werde indessen die Sache schon in Ordnung bringen. Als ich nach einiger Zeit wieder über einige andere Geldangelegenheiten mit Collin zu sprechen hatte, sagte er: „Nun können Sie ganz unbesorgt sein wegen Ihres Herrn rücksichtlich der Ordens- und Rangsteuer, denn ich habe bei dem Könige ausgewirkt, daß ein Rescript an die Rentekammer ausgefertigt ist, des Inhalts, daß ihm keine Steuer abgefordert werden solle. Der König hätte gesagt: „Fügen wir uns in eine so harmlose Laune des großen Künstlers und bedenken wir, welch' großen Schatz er seinem Vaterlande vermacht hat."

XV.

Einen ähnlichen Fall hatte ich mit einer Rechnung von der königlichen Schießgesellschaft*). Der

Conferenzrath Koch und mehre von Thorvaldsens Freunden hatten gewünscht, ihn zur Theilnahme am Vogelschießen zu bewegen. Den Tag vor demselben kam Koch mit dem Abzeichen der Gesellschaft, das Thorvaldsen tragen sollte, und das er mit Freuden annahm. Es wurde verabredet, daß Koch Thorvaldsen am folgenden Tage abholen solle. Als Koch nun, dieser Abrede gemäß, sich einfand, sagte er zu mir: „Wir werden Thorvaldsen schon wieder nach Hause bringen." Nach dem Frühstücke auf der Schießbahn brachte indessen der Kronprinz Friederich ihn in seinem Wagen nach Hause und sagte beim Wegfahren: „Ich bin wieder hier um 5 Uhr, um Thorvaldsen abzuholen; er hat uns versprochen, den Abend bei uns zuzubringen." Er kam auch zur festgesetzten Zeit und holte ihn ab. Beim Wegfahren sagte der Prinz: „Ich werde Thorvaldsen schon wieder nach Hause bringen." Um 10 Uhr kehrten sie zurück, und der Prinz begleitete meinen Herrn in sein Zimmer hinauf, wo er und Thorvaldsen sich hinsetzten und eine Weile über die Festlichkeit des Tages mit einander sprachen. Sie waren Beide in heiterer Stimmung. Als der Prinz Abschied genommen, äußerte Thorvaldsen: „Der Prinz ist doch ein herrlicher Mensch, er stellt sich nicht klüger, als er ist." Einige Zeit nachher kam eine Rechnung von 20 Rthlr. für das Festmahl auf der Schießbahn. Als ich meinem Herrn sie vorzeigte, sagte er: „Das muß ein Irrthum sein;

da ich eingeladen bin, soll ich doch wohl nicht bezahlen." Ich ließ also den Boten die Rechnung wieder mit zurücknehmen. Als ich einige Tage nachher dem Conferenzrath Koch davon erzählte, antwortete er: „Sie sollen nicht weiter über diesen Gegenstand sprechen; ich werde das schon in Richtigkeit bringen." — In solchen Fällen und rücksichtlich seiner eigenen Person war Thorvaldsen sehr sparsam und kärglich; wo es sich aber darum handelte, Andern Hülfe zu leisten, war er immer höchst bereitwillig. Gerade am selben Tage kam ein Künstler, Holm, gewöhnlich „Fattig-Holm" (der arme Holm) genannt, indem seine traurige Lage allgemein bekannt war, der schöne Prospecte von Copenhagen zeichnete; Thorvaldsen kaufte ihm mehre seiner Zeichnungen ab, die er in seine Mappe legte; unter denselben war auch ein Prospect vom Christiansburger Schlosse, für welchen Thorvaldsen ihm 20 Rthlr. gab, und womit er mir noch denselben Tag ein Geschenk machte. Thorvaldsen ließ ihn nie weggehen, ohne ihm einige seiner Zeichnungen abzukaufen; mehre derselben werden im Museum aufbewahrt. Mitunter kaufte er auch einen Prospect von ihm für mich und übergab ihn mir dann mit den Worten: „Ich kann den talentvollen Mann nicht von mir lassen, ohne ihm mit Geld zu helfen." Diese Wohlthätigkeit gereichte indessen Thorvaldsen nicht zur besondern Freude. Holm gehörte schon damals zu den Menschen, die für die Gesellschaft

verloren sind. — In den ersten Monaten nach
seiner Ankunft hieselbst wurde Thorvaldsen mit Bitt=
schriften überschwemmt sowohl von geringen als von
höhergestellten Personen. Von Collin erhielt er
gewöhnlich 1,000 Rthlr. auf einmal von seinem
Gelde, und dies war nicht selten, denn das Geld
war bald ausgegeben. Collin machte ihm deshalb
den Vorschlag, nur die Gesuche zu empfangen,
wogegen die Bittsteller die Antwort bei Thiele ab=
holen sollten. Dies stellte sich als das zweckmäßigste
Verfahren heraus, denn diejenigen, welche Thiele
als der Hülfe würdig erachtete, schickte er dann zu
Thorvaldsen hinüber, der immer zu unterstützen
bereit war, und ihrer waren Viele, denen er Hülfe
leistete. Dagegen hielt es sehr schwer, ihn dahin
zu bringen, schriftliche Empfehlungen zu geben; als
Fürsprecher für diejenigen, die ihn darum baten,
trat er aber immer bereitwillig auf. So ersuchten
mehre seiner Freunde ihn, einem Schmiedegesellen,
Namens Sommer, dessen Nase eine bedeutende Läsion
erlitten hatte, mit Geldhülfe beizustehen. Ein Doctor
Starck hatte versprochen, diesem Unglücklichen eine
neue Nase zu verschaffen, wenn er die Operation
aushalten könnte. Der Versuch gelang über alle
Erwartung. Später kam der Doctor zu Thor
valdsen und erzählte ihm, daß Sommer auf seine
Frage, welche Façon er wünsche, daß seine neue
Nase haben solle, geantwortet habe, daß dies ihm
gleichgültig sei, wenn er überhaupt nur eine neue

Nase bekomme. Der Doctor sprach zu gleicher Zeit
sein Bedauern darüber aus, daß die neue Nase
des Verunglückten nicht die Hitze in der Schmiede
werde aushalten können, und bat darum Thor=
valdsen das Seinige dazu beizutragen, ihm eine
andere Beschäftigung zu verschaffen, welches er auch
versprach. Als Sommer, auf Thorvaldsens Wunsch
ihn besuchte, fragte der Conferenzrath ihn, was
für eine Beschäftigung er sich als die für ihn
zweckmäßige gedacht habe. Sommer antwortete:
„Als Bote oder dergleichen, doch am liebsten als
Zollassistent auf dem Lande." Thorvaldsen versprach
ihm, die Sache in Erwägung ziehen zu wollen, und
fragte mich, nachdem er gegangen, an wen ich
meine, daß er sich in dieser Angelegenheit zu
wenden habe. Ich erwiederte, daß der General
Bülow ohne Zweifel der Mann sei, der hier helfen
könne, und Tags darauf mußte ich meinen Herrn
nach Amalienburg*) begleiten.

Als Thorvaldsen Bülow diese Sache vorbrachte,
antwortete dieser: „Er mag mir sein Gesuch über=
reichen", und vier Tage darauf kam ein Schreiben
vom General Bülow, worin er Thorvaldsen davon
benachrichtigte, daß Sommer eine Anstellung in
einer Provinzstadt bekommen habe. Vor seiner Ab=
reise von Copenhagen kam Sommer nebst seiner
alten Mutter zu Thorvaldsen hinauf; sie dankten
ihm beide und wünschten Gottes Segen über ihn für
all' die Güte, die er ihnen erwiesen. Thorvaldsen

hatte sie unterstützt bis zu der Zeit, wo Sommer sein Amt antreten sollte; nun konnte der Sohn künftighin seine Mutter bei sich haben, aller Sorgen um das Auskommen enthoben, und dies Alles durch Thorvaldsens Hülfe. Wenn Sommer nach Copenhagen kam, stattete er immer seinem Wohltäter einen Besuch ab und sprach ihm seinen Dank dafür aus, daß er nun so glücklich und zufrieden leben könnte.

XVI.

Als ich eines Tages in meines Herrn Stube trat, saß er da mit einem Briefe in der Hand. Ich bemerkte sogleich, daß er in trauriger Stimmung war, und als ich ihn fragte, was sich zugetragen, reichte er mir den Brief hin und sagte: „Lesen Sie selbst!" Es war ein Ersuchen Seitens des Pastors Visby, es möge Thorvaldsen bei dem König als Fürbitter auftreten für den Mörder Worm, welcher einen in Copenhagen sehr bekannten Sonderling, Namens Tönder, der für einen reichen Geizhals galt, ermordet hatte. Da der Pastor einen Monat lang den Mörder alle Tage besucht hatte, war sein Interesse und Mitgefühl für ihn besonders durch die Reue des Unglücklichen erregt worden. Der Pastor meinte, daß, wenn Thorvaldsen als Fürbitter den König um Gnade für den Mörder anriefe, würde Friederich VI. ihm nicht die Erfüllung seiner Bitte verweigern. Als ich den Brief gelesen, fragte Thor-

valdſen mich: „Was habe ich zu thun? Iſt das eine
Sache, in die ich mich einmiſchen darf?" Ich ant=
wortete, daſſ es mir ſcheine, er könne ſich damit nicht
befaſſen, daſſ aber meine Meinung vielleicht nicht
die rechte ſei. Thorvaldſen berieth ſich nun mit
Collin, Schouw, Clauſen und Thiele, die Alle
der Anſicht waren, daſſ es ein Miſſgriff von Visby
ſei, Thorvaldſen mit einer ſo ſchwierigen Sache zu
beläſtigen, und riethen ihm entſchieden davon ab,
dem Könige dieſe Bitte vorzutragen. Einige Tage
ſpäter erhielt er wieder ein Schreiben von Visby,
worin dieſer ihn erſuchte, in Erwägung zu ziehen,
da es noch Zeit ſei, daſſ er vielleicht einen Menſchen
davon befreien könne, auf dem Blutgerüſte zu ſterben.
Am Schluſſe des Briefes nannte er Tag und Stunde,
wann Worm hingerichtet werden ſollte. Thorvaldſen
verhielt ſich indeſſen ganz ruhig, indem alle ſeine
Freunde ihm es abgerathen, etwas für Worm zu
thun, und ſehr erzürnt über Visby waren, der ihm
zugemuthet, ſich in dieſe Sache einzumiſchen. Als
aber der zur Hinrichtung anberaumte Tag anbrach,
ſtand Thorvaldſen um 5 Uhr auf, ſetzte ſich in ſein
Sopha und ſah nach ſeiner Uhr. Als die feſtgeſetzte
Todesſtunde (6 Uhr) erſchien, ſaß er weinend da
und war in ſehr unruhiger und trüber Stimmung;
ich vermochte ihn deshalb, ſich auf's Sopha zu
legen und blieb bei ihm, bis er einſchlief. Da ich
nun Zeuge davon geweſen, welch' tiefen Kummer
ihm dieſe Sache bereitet hatte, übergab ich die

Briefe den Flammen, und es wurde ihm gegenüber dieser unheimlichen und traurigen Begebenheit fernerhin nicht erwähnt.

XVII.

Thorvaldsen war nicht selten mit den Versammlungen der Akademie unzufrieden. Dies war unter andern der Fall, als Christian VIII. und Thorvaldsen wünschten, daß der Portraitmaler Bärentzen als Mitglied der Akademie aufgenommen werden sollte. Er hatte zur Aufgabe, Christian VIII. und Eckersberg zu malen. Beide saßen ihm oft und waren mit den Arbeiten sehr zufrieden. Als die Portraits fertig waren, wurden sie in der Akademie aufgestellt. Thorvaldsen und die übrigen Mitglieder waren darüber einig, daß die Arbeiten gut gelungen wären. Auch gegen mich äußerte Thorvaldsen, daß Bärentzens Aufnahme auf keine Hindernisse werde stoßen können, da die Bilder allgemeinen Beifall gefunden. Als der Versammlungstag erschien, und die Ballotage beendet war, fanden sich indessen nur 3 oder 4 weiße Kugeln außer Christians VIII. und Thorvaldsens. Nachdem Letzterer unverholen seinen Zorn ausgesprochen hatte, verließ er sogleich die Versammlung. Als er in seine Zimmer hinunter kam, sagte er zu mir: „Die verfluchten Blutkugeln; wären nur keine davon im Kasten gewesen, dann wüßte ich, daß sie Alle tückisch sind, aber nun weiß ich nicht, wer die sein mögen, die Bärentzen zu Gegnern hat; mir sagen sie Alle, daß sie ihm ihre Stimme gegeben haben." Als der Secretair der Akademie, Thiele, mit den Papieren, welche die in der Sitzung verhandelten Gegenstände betrafen, herabkam, damit Thorvaldsen als Director der Akademie sie unterschreibe, fragte er mich, wie Thorvaldsen wohl gelaunt sei, und da ich ihm antwortete, daß er sehr erzürnt sei, bat Thiele mich, daß ich ihn dazu vermögen möchte, die Sachen zu unterschreiben. Als ich ihn Tags darauf darum bat, gab er mir zur Antwort: „Nein, sie mögen es betrachten, als wenn ich nicht zugegen gewesen wäre." Nur diese Worte wollte er schreiben. Ich bat ihn, diese Bemerkung nicht niederzuschreiben und nur seinen Namen darunter zu setzen, aber das wollte er nicht. Ich mußte ihm das Versprechen geben, diese Worte bei der Ablieferung der Papiere anzuführen, und er schrieb sie mehrmals nieder auf ein Stück Papier, das ich in meiner Sammlung aufbewahrt habe.

XVIII.

Auf ähnliche Weise ging es gegen Thorvaldsens Wunsch bei einer Concurrenz um die kleine goldene Medaille, wozu der Historienmaler Andersen eine Arbeit „Der barmherzige Samariter" eingeliefert hatte. Es waren viele Arbeiten eingesandt, aber Thorvaldsen gefiel Andersens am besten, und es

that ihm sehr leid, daß die Medaille nicht ihm zu=
erkannt wurde. Er fragte mich, ob ich Andersen
kenne, und da ich dies bejahete und ihm erzählte,
daß er an der Brustkrankheit leide und wahrscheinlich
nicht lange Zeit zu leben habe, bat er mich zum
Künstler zu gehen und ihn zu bitten, Thorvaldsen
mit einem Besuche zu erfreuen. Ich begab mich
sogleich zu ihm, und er ging nun mit mir zu
meinem Herrn. Ich vermag die Freude nicht zu
schildern, die der Künstler aussprach, als er vernahm,
daß Thorvaldsen ihm seine Arbeit abkaufen wolle.
Dieser empfing ihn sehr freundlich, und ich bemerkte
sogar Thränen in seinen Augen, indem er ihm mit
inniger Theilnahme die Hand drückte und ihm
sagte: „Ihr Bild gefällt mir so sehr, daß ich es
für mein Museum kaufen will. Sie können Wildens
wissen lassen, was Sie dafür fordern, das Geld soll
Ihnen dann ausgezahlt werden." Als ich später zu
Andersen kam, forderte er nur 100 Rthlr. für sein
Bild, und ich bemerkte dann, daß er füglich mehr
fordern könne; das wollte er aber nicht; die Freude,
daß Thorvaldsen sein Bild zu besitzen wünsche, war
ihm mehr werth als Geld.

XIX.

Im Jahre 1837 concurrirten Adam Müller,
Eddelien und mehre andre Künstler um die große
goldene Medaille. Die Aufgabe war: „David, der

Saul durch sein Harfenspiel erheitert". Der Preis wurde Adam Müller und Eddelien zuerkannt; da aber das große Reisestipendium, 800 Rthl. jährlich, 3 Jahre hindurch, welches an die große goldene Medaille geknüpft ist, nur Einem zugestanden werden konnte, mußten die beiden Künstler von Neuem concurriren. Die Aufgabe war diesmal: „Christus, der sich den Jüngern in Emahus offenbart", und hier trug Eddelien den Sieg davon. Als Thorvaldsen den Ausgang vernahm, wurde er sehr entrüstet und sagte: „Diese Concurrenz haben Eddeliens Gönner in Scene gesetzt. Ich bin entschieden der Meinung, daß Müllers Arbeit die beste war. Wie ich höre, ist außerhalb der Akademie auf eine hinterlistige Weise operirt worden, aber nun will ich auch für Müller auftreten; er soll reisen! Morgen gehe ich zu Friederich VI. und setze ihm den ganzen Hergang der Sache auseinander, und sollte der König nicht bereit sein, auf meine Seite zu treten, so soll er auf meine eigenen Kosten reisen". Als Thorvaldsen vom Könige zurückkehrte, war er sehr freudig gestimmt und sagte: „Nun habe ich's ausgewirkt, Wilckens, daß der König Müller reisen läßt. Möchte er nun nur die Krankheit überstehen, die er sich aus Ärger über die gegen ihn geschmiedeten Ränke zugezogen hat". Müller erkrankte wirklich schwer und war dem Tode nahe, was Thorvaldsen sich sehr zu Herzen nahm. Er erholte sich indessen doch dergestalt, daß er im Jahre 1839 nach Italien reisen konnte, wo er bis 1842 blieb, um welche Zeit seine Krankheit einen so ernsthaften Charakter annahm, daß seine Familie ihn nach Dänemark heimholen mußte. Da Thorvaldsen eben um diese Zeit in Rom sich aufhielt, um seine Sachen zu ordnen, besuchte er ihn oftmals. Um ihn zu ermuntern, kaufte er ihm auch ein großes Gemälde „Christus und die vier Evangelisten" für sein Museum ab, worüber Christian VIII. sehr erfreut war, da er ungern gesehen hätte, daß dieses beste Bild Müllers in der Fremde geblieben und so für Dänemark verloren gegangen wäre. Bei seiner Rückkehr aus Italien stattete er dem leidenden Künstler häufige Besuche ab, und wurde seiner erwähnt, sprach er immer sein Bedauern darüber aus, daß ein so großes Talent schon so früh dem Vaterlande entrissen werden sollte. Eines Tages kam er tiefbetrübt von einem Besuche bei ihm nach Hause und sagte: „Nun halte ich's nicht mehr aus, den armen sterbenden, jungen Künstler zu sehen. Am 15ten März 1844 starb derselbe, mithin neun Tage vor dem Hinsterben Thorvaldsens.

XX.

Thorvaldsen fühlte sich eines Tages nicht recht, zum Arbeiten aufgelegt und hatte auch keine Lust, einen Spaziergang zu machen: ich schlug ihm nun vor, in die Ausstellung hinaufzugehen, indem ich

meinte, es könne ihn zerstreuen, die Gemälde zu
besehen. Er ging auch hinauf, kam aber bald wieder
herunter. Als ich ihn fragte, weßhalb er so schnell
zurückkehre, erwiederte er: „Nein, Wilckens, es ist
Unrecht, daß ich mich da aufhalte, die Besuchenden
haben keine Freude daran da zu sein, sie sehen mich
an, vergessen aber die Gemälde zu betrachten." Ich
fragte ihn nun, ob er nicht Lust habe, irgend
einige der Künstler in ihren Ateliers zu besuchen,
weil er da ihre Arbeiten auf eine ungestörtere Weise an=
sehen könne. Er ging bereitwillig auf diesen Vor=
schlag ein, besuchte mehre Maler und hatte seine
große Freude an ihren Arbeiten. Immer hatte er
ermunternde Worte für sie, aber es fiel ihm nie
ein, an ihren Leistungen etwas auszusetzen. Als ich
ihn fragte, ob ihm denn alle diese Gemälde gefielen,
antwortete er: „Man muß mit der Erwähnung der
Mängel nie bei der Hand sein; dadurch schüchtert
man die Künstler nur ein. Das Gute soll man
dagegen hervorheben; mit der Zeit gehen ihnen schon
von selbst die Augen über ihre Fehler auf."

XXI.

Der Theatermaler Wallich kam eines Tages
zu Thorvaldsen und stellte ihm einen jungen Schüler,
Namens Gertner vor, der ein viel versprechendes
Talent hatte. Der junge Mann brachte seine Mappe
mit, in welcher sich eine Menge guter, kleiner Skizzen,

Entwürfe und Portraits fanden. Als Thorvaldsen die Zeichnungen durchgesehen hatte, sagte er zum jungen Künstler, daß ihm, wenn er Lust habe, gern Alles, was sich zum Abzeichnen eignete, zur Verfügung stehe. Wallich nahm nun das Wort und äußerte, daß es gerade dies sei, was Gertner wünsche, besonders wolle er gern das Bild des Conferenzraths zeichnen. Dieser erwiederte darauf: „Ja, dagegen habe ich nichts einzuwenden; doch wird es wohl am besten sein, daß Sie erst hier etwas bei mir zeichnen, dann werden Sie Zeit haben, mein Gesicht zu studiren". Wallich dankte im Namen des jungen Mannes, und der damals so schüchterne Gertner versprach beim Abschiede, daß Thorvaldsen schon Freude an ihm erleben solle zum Dank für die große Güte, die er ihm erwiesen. Tags darauf stellte sich Gertner schon ein und fing an die pompejianischen Vasen zu zeichnen, die in den Zimmern, worin Thorvaldsen selbst bei seiner Arbeit stand, aufgestellt waren. Als Gertner einige Tage gezeichnet hatte, zeigte er mir mehre Entwürfe von Thorvaldsens Bild, die er zur selben Zeit, da er die Vasen gezeichnet, ausgeführt hatte. Dies theilte ich meinem Herrn mit, und als Gertner den folgenden Tag wieder erschien, wollte er sie sehen. Sie gefielen ihm sehr wohl, und er sagte zu Gertner: „Haben Sie Lust, so fangen Sie an, mein Bild zu malen, wann Sie wollen, und suchen Sie sich einen Platz aus, wo Sie das rechte Licht haben; ich werde

Ihnen schon behülflich sein". Gertner sprach seinen Dank aus und legte Tags darauf die erste Hand an das Bild, womit er sein Glück begründete. Thorvaldsen änderte dies und jenes am Bilde, und als er fertig war, sagte er: „Dies Bild wünsche ich zu behalten. Haben Sie Lust mehre zu zeichnen, so können Sie dieses copiren; aber an diesem dürfen Sie keine ferneren Änderungen vornehmen; das will ich hier auf dem Tische behalten." Einige Tage später kamen einige Reisende, die das Bild so wohl gelungen fanden, daß Sie mich fragten, ob es zu verkaufen sei. Ich antwortete: „Nein, dies Bild können Sie nicht bekommen, aber Sie können eine Copie davon bei Gertner bestellen; eine solche kann er bald fertig machen". Als Gertner dies hörte, wurde er sehr froh und fragte Thorvaldsen, wie viel er wohl dafür fordern könne. Er antwortete: „Fordern Sie 25 Species, und legen Sie dann sogleich Hand an's Werk!" Gertner machte das Bild in anderthalb Tagen fertig, und nach dieser Bestellung liefen viele andere ein. Als einige Zeit verstrichen war, verschaffte Thorvaldsen Gertner ein Atelier im Schlosse Christiansburg, wo er Thorvaldsen in Leibesgröße malte. Dieses Bild forderte lange Zeit, indem der Künstler viele Arbeiten unter Händen hatte, und ehe er recht angefangen hatte daran zu malen, war Thorvaldsen nach Nysö gereist. Da nun Gertner von Thorvaldsen als ein geschickter junger Mann erwähnt worden war, wurde auch er eingeladen, den Sommer auf Nysö zu verbringen, damit er so die rechte Gelegenheit habe, das große Bild von Thorvaldsen zu malen. Während er sich da aufhielt, malte er mehre verschiedenen Skizzen von Thorvaldsen; eine derselben stellte ihn in einem seidenen Schlafrocke dar, an einer Büste von Oehlenschläger, eine andere an einer Minerva arbeitend. Nachdem Gertner mit Thorvaldsen in die Stadt zurückgekehrt war, legte er wieder Hand an's große Bild, aber in Folge der vielen Bestellungen, die nun bei ihm einliefen, wurde es erst mehre Jahre später beendigt. Da Thorvaldsen sehr oft dem Künstler sitzen mußte, fing dies an, ihn mitunter zu ermüden. Eines Tages, als Thorvaldsen ersucht war zu kommen — es war zum 71sten Mal — äußerte er unterweges gegen mich: „Nun werd' ich es bald überdrüssig." Er befand sich an dem Tage nicht wohl, und als er eine Weile da gesessen hatte, fing er an schläfrig zu werden. Mit einem Male stand Gertner auf, stampfte gegen den Fußboden und rief sehr laut: „Thorvaldsen, Sie schlafen ja." Thorvaldsen fuhr erschrocken in die Höhe und sagte gleich darauf zu mir: „Kommen Sie, Wilckens, wir wollen gehen!" Auf dem Heimwege sagte er zu mir: „Was war doch das für eine Art mich anzureden!" „Ja," erwiederte ich, „Sie haben zu viel aus ihm gemacht, Herr Conferenzrath, das hat er nicht vertragen können." „Ja, ja," sagte Thorvaldsen, „nun will

ich ihm nicht mehr ſitzen. Da ich ſah, daß er jung
war und ein tüchtiger Künſtler zu werden gegründete
Hoffnung gab, führte ich ihn in viele großen Häuſer ein,
um ihn bekannt zu machen; hab ich denn wohl ein
ſolches Betragen von ſeiner Seite verdient?" Einige
Tage ſpäter kam Gertner und bat mich, Thorvaldſen
zu vermögen, bei ihm zu erſcheinen, indem er etwas
an ſeinen Händen zu verbeſſern habe. Als ich
Thorvaldſen ſeinen Wunſch vorbrachte, antwortete er,
„Schicken Sie nach dem Gipſer, ſo kann der meine
Hände abformen und einen Abguß davon nehmen;
und Gertner mag mir dann einen meiner Mo=
dellirſtöcke in die rechte Hand ſtecken." Als Gertner
den Abguß der Hände bekommen hatte, wandte er
ſich an mich und ſagte, „dies ſei ihm nicht genug,
indem noch mehre Kleinigkeiten zu verbeſſern ſeien."
Ich antwortete ihm: „Ja, dann iſt's wohl am beſten,
daß wir noch eine Zeitlang warten, bis der Confe=
renzrath ſeinen Zorn bezwungen hat; es wird mir
für den Augenblick nicht gelingen, ihn zu vermögen,
zu Ihnen zu gehen." Etwa einen Monat ſpäter
bat ich meinen Herrn hinzugehen und ſein Bild in
Augenſchein zu nehmen, da Gertner mich hätte
wiſſen laſſen, daß er damit fertig wäre und gerne
ſeine Meinung darüber zu hören wünſchte. Ein
paar Tage nachher, da die Witterung ſchön war, und
Thorvaldſen einen Spaziergang machen wollte, ver=
mochte ich ihn dazu, ſeine Richtung nach dem Schloſſe
hin zu nehmen. Als wir dahin kamen, fanden wir

Gertner damit beschäftigt, einige kleinen Veränderungen am Bilde vorzunehmen. Thorvaldsen stand lange da und betrachtete es und sagte dann: „Nun dürfen Sie nicht mehr daran corrigiren, nun haben Sie ein gutes Bild von mir." Gertner dankte ihm für seine Mühe, und nun waren sie wieder gute Freunde.

XXII.

Eines Tages kam ein Herr, der Thorvaldsen zu sprechen wünschte. Als er eingetreten war, bat er sich die Erlaubniß aus, nach Thorvaldsens Arbeiten und Gemälden zeichnen zu dürfen. Thorvaldsen, dem sein bescheidenes Auftreten gefiel, zeigte ihm das Atelier und die Zimmer und sagte: „Nun können Sie anfangen, wann Sie wollen." Der fremde Herr nahm sogleich seine Mappe und fing an, Riedels Bild: „Eine neapolitanische Fischerfamilie" zu zeichnen. Als ich später hineintrat, fragte Thorvaldsen: „Wer ist dieser Herr? Ich kenne ihn nicht, und er hat mir seinen Namen nicht genannt, aber er gefällt mir sehr wohl. Gehen Sie hinunter und fragen Sie ihn von mir nach seinem Namen." Als ich dem jungen Mann meines Herrn Wunsch, seinen Namen zu erfahren, vorbrachte, sagte er: „Kennen Sie mich nicht? Mein Name ist Adolf Price. Vielleicht bin ich besser als der weiße Mann oder Pjerrot vom Price=schen Theater her bekannt." Als Thorvaldsen dieses hörte, wurde er sehr erstaunt, denn es wollte ihm nicht in den Kopf, daß dieser ernste Mann eine so komische Person darstellen könnte, wie ein Pjerrot sein sollte. Nachdem Price einige Tage gezeichnet hatte, wandelte Thorvaldsen die Lust an, seine Zeichnungen zu sehen, und als er fand, daß sie sehr gut ausgeführt waren, sagte er: „Hören Sie, Wilckens, ich glaube, ich gehe eines Abends hin und besehe mir diese Tableaux." Als ich Price dies mittheilte, wurde er sehr erfreut und bat mich, ihn in Kenntniß davon zu setzen, wann Thorvaldsen zu erwarten wäre, da er am liebsten auf sein Kommen vorbereitet sein und die Tableaux darstellen wollte, die er in meines Herrn Wohnung gezeichnet hätte. „Ich will auch gern eine Pantomime geben, die mir recht Gelegenheit giebt, mich vor Thorvaldsen zu zeigen", fügte er hinzu. Einige Tage nach dieser Unterredung sagte Thorvaldsen zu mir: „Ich glaube, daß ich einmal in dieser Woche in Prices Theater gehe." Ich setzte Price in Kenntniß davon, und als er die Vorstellung nach seinem Wunsche geordnet hatte, fragte er mich, ob ich wohl meinte, daß es so Thorvaldsen zusagen werde. Tags darauf gab er mir einige Billette und bat mich, meinem Herrn sie anzubieten. Den folgenden Morgen fragte ich diesen, ob er nicht Lust habe, heute Prices Theater zu besuchen, da eben an dem Abende einige der Tableaux gegeben würden, die Price bei ihm gezeichnet. „Ja, wohl", antwortete er und nahm auch ohne Weiteres die Billette entgegen. Er amüsirte sich sehr gut im

Theater und sagte zu mir: „Diese Tableaux sind sehr schön arrangirt, aber es sind auch reizende Damen mit schönen Formen." Nach den Tableaux wurde eine sehr lustige Pantomime gegeben; besonders zeichnete der Pjerrot sich durch sein treffliches Spiel aus. Es wurde später erzählt, daß Pjerrot niemals früher so gut gespielt habe, und daß es die Freude über Thorvaldsens Gegenwart gewesen, die ihn begeisterte. Thorvaldsen lachte unaufhörlich, so lange Pjerrot auf den Brettern war, und als ich ihn fragte: „Können Sie ihn erkennen, Herr Conferenzrath?" bekam ich zur Antwort: „Ich muß es fast in Zweifel ziehen, daß Pjerrot und der ernste Mann, den ich bei mir gesehen, eine und dieselbe Person sei." Als Price den folgenden Tag sich wieder zum Zeichnen einfand, kam Thorvaldsen zu ihm in's Atelier hinunter und fragte ihn, ob er es auch wirklich gewesen, der den Pjerrot gespielt? Price antwortete: „Allerdings, Herr Conferenzrath; wenn ich in dem Anzuge stecke, vergesse ich alle ernsthaften Dinge." Thorvaldsen drückte ihm die Hand und dankte ihm mit den Worten: „Sie sind ein großer Künstler in Ihrem Fache. Sie haben mich recht sehr belustigt, und wenn ich der Ermunterung bedarf, dann komme ich zu Ihnen hinaus." Price trug Sorge dafür, daß immer Billette für ihn sich vorfänden, und hatte auch die Freude, Thorvaldsen mehrmals als Zuschauer bei den Vorstellungen in seinem Theater zu sehen."

XXIII.

Thorvaldsen hatte großes Gefallen an Frau Heibergs Spiel, und so oft er sie in einer neuen Rolle auftreten sah, sagte er, er habe sie noch niemals besser spielen sehen. Als er eines Tages mit Collin über sie sprach, äußerte er: „Ich möchte gern ein Bild dieser großen Künstlerinn besitzen, aber sagen Sie mir, Collin, wo bekomme ich es?" „Das können Sie leicht haben," erwiederte Collin, „da Bärentzen sie zu malen gewünscht hat." „Aber," wandte Thorvaldsen ein, „glauben Sie, daß sie es erlauben werde?" „Gewiß," versetzte Collin, „dessen wird sie sich nicht weigern, wenn sie nur vernimmt, daß Sie es sind, der es zu besitzen wünscht." „Das wird mir dann eine doppelte Freude sein," erwiederte Thorvaldsen, „da ich mir so lange ein Bild von Bärentzen zu besitzen gewünscht habe." Collin kam nach einiger Zeit und erzählte, daß Bärentzen bereits angefangen hätte, am Bilde zu malen, welches Thorvaldsen große Freude machte. Späterhin fragte mich Bärentzen, ob ich nicht meine, daß der Conferenzrath Lust haben könne, in sein Atelier zu kommen, um zu sehen, wie weit er mit seiner Arbeit gediehen wäre. Ich antwortete: „Ja, das kann ich sehr gut versprechen, denn Thorvaldsen hat gerade den Wunsch geäußert, Ihnen einen Besuch abzustatten." Am folgenden Tage begleitete ich ihn dahin. Als er in das Atelier eintrat, stellte er sich vor das Portrait hin und sagte: „Kann ich wohl dieses Bild bekommen, sobald Sie damit fertig sind, Collin wird Ihnen dann das Honorar auszahlen können." Bärentzen wurde sehr erfreut darüber und bat sich die Erlaubniß aus, es für die Ausstellung zu leihen. Thorvaldsen gab ihm zur Antwort, es sei unverzeihlich anders als dem Publicum das Vergnügen zu gönnen, die große Künstlerinn in einem so wohl gelungenen Bilde zu sehen. Als das Portrait von der Ausstellung zurück kam, wo es bekanntlich großes Glück gemacht hatte, wurde es in einem von Thorvaldsens Zimmern aufgehängt, und wenn Besuch kam, machte es meinem Herrn immer eine wahre Freude, Frau Heibergs Bild vorzuzeigen, das nie beschaut wurde ohne bewundert zu werden.

XXIV.

Es war oftmals der Fall, daß Thorvaldsen in's Theater zu gehen wünschte, wenn er aus einer Mittagsgesellschaft zurückkehrte. Da er eigentlich am liebsten jeden Abend dahin wollte, traf es sich manchmal so, daß der Vorhang herabrollte, bevor er sich's auf seinem Platze im 1sten Parquet recht bequem gemacht hatte. Es paßte ihm deshalb gar nicht, daß die Vorstellungen so früh, schon um 6 Uhr, anfingen; er meinte, man solle nicht Comedie spielen bei Tage, und suchte durch Collin und Adler*) auszuwirken, daß das Schauspiel erst um 7 Uhr seinen Anfang nähme, eine Veränderung, die doch erst nach seinem Tode bewerkstelligt wurde und ihm mithin nicht zu gute kam. Unter den Genüssen, die ihm die Bühne bereitete, gab er besonders einem schönen Ballette den Vorzug.

XXV.

Wenn Thorvaldsen der Erinnerungen aus seinen Kinderjahren gedachte, verweilte er oft bei der Zeit, da er in Holz schnitt. Besonders erwähnte er eines großen Uhrgehäuses, das er mit Verzierungen versehen hatte, so wie auch einer Vase, die auf dem Gehäuse stand, mit Blumen und Früchten von Holz angefüllt. Er hegte den innigen Wunsch, Aufschlüsse darüber zu bekommen, wo es sich finde; aber trotz aller der Mühe, die ich mir gab, solche zu erhalten, gelang dies mir doch nicht, so lange er am Leben war. Da ich indessen oftmals in meinem Familienkreise dieser Uhr erwähnte, hatte mein Schwiegersohn sich dieses gemerkt. Auf einer Sessionsreise, die er als Regiments-Thierarzt in Jütland machte, gerieth er gelegentlich in ein Gespräch mit einem Handlungsreisenden; dieser erzählte nun, daß sein Principal eine Uhr besitze, an deren Gehäuse Thorvaldsen gearbeitet habe. Sein Principal hatte der Uhr erwähnen hören, und da sie auf einer Auction verkauft werden sollte, war er so glücklich gewesen, sie anzukaufen. Nach einiger Zeit stattete der Handlungsreisende mir einen Besuch ab, um mich im Namen seines Principals wissen zu lassen, daß es ihn sehr freuen werde, wenn das Museum die von Thorvaldsen so oft erwähnte Uhr als ein Geschenk von ihm annehmen wolle. Es war dem Vorstande des Museums sehr lieb, hiedurch in den Besitz derselben zu gelangen, und als Anerkennung wurden dem Geber drei Medaillons zugestellt, nämlich Melpomene, Thalia und die Genien der drei bildenden Künste. Die Uhr ist in Thorvaldsens Zimmer im Museum angebracht.

XXVI.

Eines Tages wurde Thorvaldsen zu Mittag beim Geheimrath Rothe eingeladen. Als er in den Thorweg eintrat, blieb er stehen, um eine seiner Jugendarbeiten, die er in Holz geschnitten hatte, und die über dem Thore angebracht war, in Augenschein zu nehmen. Er sprach seine Zufriedenheit damit aus und sagte: „Es freut mich zu sehen, welche Sorgfalt man meiner Arbeit hat zu Theil werden lassen; ohne eine solche würde sie nicht nach Verlauf so vieler Jahre so gut ausgesehen haben". Bei seiner Nachhausekunft erzählte er mir, daß der Geheimrath ihn in einen Saal geführt und ihm eine seiner ersten Büsten gezeigt habe. „Und", sagte Thorvaldsen, „das war eine von denen, die mir einen Namen machten". Als es dem Geheimrath nach einigen Jahren zu Ohren kam, daſſ Thorvaldſen großen Werth auf dieſe Büſte lege, die ſeinen Vater, den bekannten Thyge Rothe, darſtellte, machte er Thorvaldſen ein Geſchenk damit, weshalb ſie ſich im Muſeum aufgeſtellt findet.

XXVII.

Die Schweſtern des Hiſtorienmalers Höyer beſuchten oftmals meinen Herrn. Es waren zwei ältliche Mädchen, und ſie ſprachen immer ihr Bedauern darüber aus, daſſ ihr Bruder ſo ſchwach ſei, daſſ er nicht die Freude haben könne, ſie zu begleiten. Thorvaldſen verſprach deshalb, ſie beſuchen zu wollen, worüber ſie ſehr erfreut wurden, und ſie baten mich nun, ſie davon zu benachrichtigen, wann er kommen würde, denn es würde ihnen gar zu leid thun, wenn ſie nicht bei ſeiner Ankunft zu Hauſe wären. Nach Verlauf einiger Tage bat ich ihn, ihnen nächſtens den verſprochenen Beſuch abzuſtatten, indem er ihnen dadurch eine große Freude bereiten würde. Er war auch ganz bereitwillig dazu, muſſte aber den Beſuch einige Tage aufſchieben, da er ihnen mit der Marmorbüſte ihrer Mutter ein Geſchenk machen wollte; dieſe ſollte aber vorerſt nachgeſehen werden. Als ich ihn nun erſuchte, gefälligſt damit zu eilen, daſſ ſie abgewaſchen werden könne, ward ſie auch bald fertig, und nachdem der Tag, an welchem er den Beſuch abſtatten wollte, anberaumt war, benachrichtigte ich die Damen davon. Ich schlug ihm vor, eine Droschke zu nehmen; da es nur eine kleine Büste sei, könnten wir sie recht wohl selbst mitnehmen. „Ja, Wilckens, das wollen wir," sagte er, „aber achten Sie darauf, daß die Thür so breit ist, daß ich nicht wieder in die Klemme gerathe". Als wir das Haus erreichten, in welchem sie vier Treppen hoch wohnten, wurde das Hinaufsteigen Thorvaldsen sehr beschwerlich, seine Brust litt immer beim Treppensteigen; er vergaß aber die erlittene Beschwerde, als er ihre Freude über sein Kommen gewahr wurde. Als ich nun die Büste hinstellte, die Thorvaldsen ihnen auf seine gewöhnliche freundliche Weise schenkte, erreichte ihre Freude eine solche Höhe, daß ihre Thränen und Umarmungen fast kein Ende nehmen wollten. Es war ein kleiner, bescheidener Frühstücks- und Kaffeetisch gedeckt: Thorvaldsen genoß aber nie etwas bei Vormittags-Besuchen. Er ließ sich dagegen Höyers Handzeichnungen vorzeigen, die keine geringe Zahl ausmachten, aber merkwürdig genug sprach er gar nicht seine Meinung über dieselben aus. Nachdem er Alles gesehen, dankte er und versprach beim Abschiede, sie wieder zu besuchen; er kam indessen nie mehr dahin. Nach Höyers Tode kam die Büste nach dem Museum zurück.

XXVIII.

Da Thorvaldsen mehrmals bei dem Oberpräsidenten Kjerulf mit dem Schiffsbaumeister Larsen zusammen traf, führten sie dort manche theils erfreuliche, theils traurige Unterredungen rücksichtlich Thorvaldsens Kindheit und seiner Eltern, deren Lage Larsen genau gekannt, da Thorvaldsens Vater auf Larsens Schiffswerfte gearbeitet hatte. Ein Besuch, den Larsen ihm abgestattet hatte, lebte in traurigem Andenken bei ihm. Thorvaldsens Vater war mehre Tage lang von seiner Arbeit bei ihm ausgeblieben, und Larsen ging deshalb selbst hin, ihn in seiner ärmlichen Wohnung in einem Hinterhause aufzusuchen. Er fand Thorvaldsens Mutter in einem sehr bedauernswerthen Zustande vor. Der Vater war nicht krank, sondern alter Gewohnheit gemäß mit einigen schlechten Freunden, die ihn zum Trunke verführten, ausgegangen. Sie bat Larsen, ihrem Manne seinen verwerflichen Wandel vorzuhalten, welches er versprach und auch that, aber es fruchtete nichts. Als Thorvaldsen an dem Tage, da er diese Unterredung mit Larsen gehabt hatte, nach Hause kam, war er in sehr trauriger Stimmung. Ich fragte ihn nach der Ursache seiner Verstimmung, und er theilte mir ganz offenherzig, wie er es immer pflegte, wenn ihm etwas Schmerzliches begegnete, die mit Larsen gehabte Unterredung mit, so wie auch, daß sie die Abrede getroffen, sich zu einer bestimmten Stunde auf Larsens Werfte zu treffen. Ich begleitete ihn dahin, und als wir hineintraten, kam uns Larsen sehr freundlich entgegen. Thorvaldsen wurde sogleich sehr ernst und rief aus:

„O, wie treten mir alle Erinnerungen aus meiner Kindheit deutlich vor die Seele!" Er erkannte sogleich die Stelle wieder, wo sein Vater gestanden hatte, mit der Arbeit beschäftigt, wobei er ihm oftmals, mitunter daran verbessernd, geholfen hatte. Larsen führte uns nun auch nach einigen ärmlichen Wohnungen in einer anstoßenden Straße hin und sagte: „Hier haben Ihre Eltern auch gewohnt".

XXIX.

Einige Zeit nachher fragte Thorvaldsen mich, ob ich Zeit habe, ein bischen mit ihm in den Straßen umherzugehen. „Ich hätte wohl Lust, die Wohnungen meiner Eltern in Augenschein zu nehmen", sagte er. Ich erwiederte: „Wenn Sie Lust haben, Herr Conferenzrath, dann habe ich immer Zeit dazu". Als wir zu der Reiterstatue Christians V. auf dem Königs-Neumarkt gekommen waren, wo damals eine Schildwache ihren Posten hatte, sagte er, auf das Schilderhaus zeigend: „Hier bin ich einmal verhaftet worden. Es geschah, als ich mich mit einigen andern Jungen damit amüsirte, daß einer nach dem andern von uns in's Schilderhaus hineinspringen sollte, um von den andern herumgedreht zu werden. Nun traf es sich gerade so unglücklich, daß die Schildwache es erblickte, als die Reihe an mich kam, und mir den Weg versperrte, daß ich nicht hinaus und davon kommen konnte. Es sammelte sich nun gleich eine große Menge Menschen um uns her. Von der Hauptwache aus wurde eine Patrouille abgeschickt, um zu erfahren, was es da wohl gebe, und von derselben wurde ich als Arrestant in die Wache transportirt, wo ein Protokoll über den Vorfall aufgenommen und dann zu meinen Eltern geschickt wurde, die damals in der „kleinen Grünenstraße" wohnten. Meine Mutter kam weinend nach der Hauptwache, um zu erfahren, welches Vergehens ihr Bertel sich schuldig gemacht habe. Dies wurde ihr auseinander gesetzt, und man ertheilte ihr nun die Warnung, besser auf mich Acht zu geben, worauf es ihr gestattet wurde, mich mitzunehmen. Die Warnung hätte füglich erspart werden können, denn von jenem Tage an hielt mich ein wahres Grauen fern von allen Schilderhäusern".

Während Thorvaldsen mir dieses erzählte, hatten wir die „Grünestraße" erreicht, und indem er auf ein Haus deutete, sagte er: „Hier bin ich geboren im Nebengebäude, zwei Treppen hoch. Ich könnte große Lust haben, einmal zu sehen, wie es drinnen im Hofe aussieht." Wir gingen also hinein, aber mit vieler Beschwerde, denn die Treppe, die hinabführte, war sehr schmal. Als wir zum Nebengebäude kamen, fanden wir indessen eine noch schmalere Treppe vor, und wir sahen es ein, daß es Thorvaldsen unmöglich sein würde, die frühere Wohnung seiner Eltern zu ersteigen, weshalb wir also das Haus verließen. Als wir uns wieder auf der Straße befanden, sagte er: „Ja, Wilckens, da wir nun einmal auf der Wanderung nach meinen Jugenderinnerungen sind, so wollen wir auch nach „Aabenraa" hingehen". Als wir dahin kamen, zeigte er mir ein größeres Haus und sagte tief bewegt: „Hier haben meine Eltern auch gewohnt, hier hatten sie aber eine bessere Wohnung. Schauen Sie mal das Fenster da im ersten Stock über der Hausthür, da war mein Arbeitszimmer, und meine Eltern hatten das Zimmer nebenan. Es wäre ein rechter Spaß für mich, dahinauf zu kommen". Ich äußerte, daß sich dies ja mit Leichtigkeit thun ließe, wir brauchten ja nur nach Jemandem zu fragen, von dem wir wüßten, daß er da nicht wohne. Wir stiegen also die Treppe hinauf, und Thorvaldsen zeigte mir die Thüre, die in die Zimmer führte, wo er mit seinen Eltern gewohnt hatte. Als ich an die Thür seines vormaligen Zimmers anklopfen wollte, sagte er: „Nein, Wilckens, nun bin ich mit dem zufrieden, was ich hier gesehen habe". Da wir nun in der Nähe der „großen Brunnenstraße" sind, wo Ihre Eltern ja auch gewohnt haben, wollen wir denn nicht auch dahin gehen?" fragte ich ihn, als wir wieder auf die Straße hinausgekommen waren. „Ja wohl, warum nicht", erwiederte er. Kaum waren wir in die genannte Straße hineingekommen, als er auch das Haus wieder erkannte: da er nun demselben sich nahen wollte, mußte ich ihn zurückhalten, weil ich mehre öffentlichen Frauenzimmer sich in der Hausthür und der Stubenetage aufhalten sah. Er hatte die Anwesenheit derselben nicht beachtet; da ich aber seine Aufmerksamkeit darauf hinlenkte, war er sogleich bereit, die Straße zu verlassen; damit war dieser Spaziergang zu Ende. Dieser letzten Ausflucht erwähnte er niemals, wogegen er öfters mit Freuden von den beiden andern sprach. Am selben Tage war er zur Tafel bei Christian VIII. zugesagt; er wohnte derselben in der besten Stimmung bei, und es wurde mir später mitgetheilt, daß er ungemein gut ausgesehen und viel Glück gemacht habe. Da man mich vom Hofe aus gebeten hatte, ihn so festlich wie möglich anzuziehen, kleidete ich ihn in den Gallaanzug der französischen Akademie und brachte so viele Decorationen beim Anziehen an, als es der Platz mir nur irgend gestattete. Indem ich ihn mit all' diesem Staat ausschmückte, konnte ich nicht umhin, an unsere Vormittagspromenade zu denken mit ihren dürftigen Kindheitserinnerungen.

XXX.

Als Thorvaldsens Vater gestorben war, wurden seine Uhr, eine Brieftasche in einem großen, dicken Einbande von Leder und ein Paar eiserne Brillen dem Sohne in Rom zugestellt. Diese drei Gegenstände bewahrte Thorvaldsen als Heiligthümer auf, gleichfalls eine silberne Uhr, die er nach Rom mitgebracht. Einige Jahre nach seinem Tode wurden in einer Versteigerung verschiedene Sachen verkauft, von denen ich mehre erstand, darunter diese vier genannten, ihm so werthen Gegenstände, über die ich mich sehr freute, weil die Sammlung, die ich gleich nach seinem Tode geordnet hatte, dadurch einen herrlichen Zuwachs bekam.

XXXI.

Als der reiche Donner in Altona, der ein sehr guter Freund von Thorvaldsen war, ihn einmal besuchte, bekam Thorvaldsen Lust, eine Büste von ihm für sein Museum zu modelliren. Donner wurde sehr erfreut darüber, sagte aber: „So sehr ich's auch selbst wünsche, so wird es diesmal schwerlich geschehen können, da es mir für den Augenblick an Zeit gebricht. Thorvaldsen, der aber nicht so leicht eine einmal gefaßte Idee aufgab, erbot sich, Donners Büste in drei Stunden fertig zu machen. Donner ging nun darauf ein und versprach, den nächsten Morgen bei ihm zu erscheinen. Als Donner gegangen war, sagte Thorvaldsen: „Ja, Wilckens, halten wir nun heute Alles in Bereitschaft, um morgen sogleich Hand an's Werk legen zu können." Donner fand sich den folgenden Morgen um 9 Uhr ein, und Thorvaldsen fing nun an zu modelliren. Er hatte mich gebeten, in der Stube zu bleiben, um bei der Hand zu sein: meine Frau sollte ihn verläugnen, es komme, wer es auch sei, um ihn zu sprechen; er wolle sich nicht bei seiner Arbeit stören lassen. — Es waren ihrer Viele, die mich gefragt hatten, wie viel Zeit Thorvaldsen brauchte, um eine Portraitbüste zu modelliren. Es bot sich mir hier eine treffliche Gelegenheit dar, die Zeit zu berechnen. Es war kaum 12 Uhr, als Thorvaldsen sagte: „Nun sage ich dir meinen Dank für dies Mal." Donner erwiederte: „Ja, Thorvaldsen, das mag nun gut sein; aber ich trete morgen meine Reise an." „Ja, reise nur," sagte Thorvaldsen, „deine Büste ist fertig! Hast du etwa Lust, sie morgen zu sehen, dann komm her, Wilckens wird sie nun gleich abformen lassen; es soll in aller Eile ein Exemplar abgegossen werden, welches du wirst sehen können." Donner kam indessen nicht. — Als ich Thorvaldsen erzählte, daß ich mir's gemerkt habe, wie viel Zeit er auf die Büste verwendet, nämlich kaum 3 Stunden, lachte er und sagte: „Das war denn nicht so schnell. Für den Apostel Thaddäus brauchte ich, die Zeit, die der Gipser zum Abformen und Gießen brauchte, mitgerechnet, nur 10 Tage, und das war eine ganz andere Arbeit." Dies war der Thaddäus, der in der Frauenkirche steht.

XXXII.

Ich wurde zu wiederholten Malen von hochgestellten Herren am Hofe gebeten, Thorvaldsen zu bereden, das Medaillon mit dem Bilde des damaligen Kronprinzen Friederich, welches an der Brust der Büste der Prinzessinn Wilhelmine angebracht war, wegzuhauen. Die Büste stand in Thorvaldsens Atelier und wurde mithin von allen Besuchenden gesehen. Man versicherte mir, es werde ein solches Verfahren am Hofe sehr gut aufgenommen werden, machte mir es aber gleichzeitig zur Pflicht, auf keine Weise Thorvaldsen wissen zu lassen, von wem oder woher dieser Wunsch stamme. Ich gab mein Wort darauf. Als Thorvaldsen eines Tages in seinem Atelier umherging und mehre seiner Arbeiten anders stellte, wobei ich ihm behülflich war, wollte er auch der Büste der Prinzessinn einen andern Platz geben. Da wir nun gerade allein waren, ergriff ich die Gelegenheit und sagte: „Herr Conferenzrath, wann Sie die letzte Hand an diese Büste legen, soll wohl das Medaillon weggehauen werden?" „Warum sollte ich das thun, Wilckens?" fragte er. „Ist das Medaillon wohl noch jetzt an seinem Platze, nachdem die hohen Herrschaften von einander geschieden sind?" erlaubte ich mir zu sagen. „Das rührt nicht von Ihnen selbst her!" sagte er. „Sagen Sie mir doch, wer hat Sie ersucht, mir das zu sagen?" „Nein, Herr Conferenzrath, das kann ich nicht," erwiederte ich, „ich müßte dann das Versprechen der Verschwiegenheit brechen, welches ich unverbrüchlich zu halten mich verpflichtet habe." „Ja, Wilckens, ich will nicht, daß Sie wortbrüchig werden, aber das Medaillon bleibt an seinem Platze; ich brauche mich dessen nicht zu schämen. Sie waren ja nicht geschieden, als ich die Büste der Prinzessinn modellirte." Da ich den Betreffenden diese Antwort des Conferenzraths überbrachte, meinten sie, es sei wohl das Beste, die Sache ruhen zu lassen, und das Ganze gerieth bald in Vergessenheit.

XXXIII.

Bevor Thorvaldsen zum letzten Male nach Rom ging, hatte er einen seiner Schüler, Mathiä, eine der für das Fronton des Schlosses Christiansburg bestimmten Figuren in Thon fertigen lassen. Sie war der königlichen Porzellanfabrik übergeben worden, wo mit einer Brennung ein Versuch gemacht werden sollte; dieselbe misslang aber völlig. Da der sehr geschickte Goldschmied Dalhoff dies erfuhr, stellte er sich die Aufgabe, Thorvaldsens Arbeiten in gebranntem Thon von dem Material, das sich hier vorfindet, auszuführen, und durch die Anspornung und Ermunterung des Königs gelang es ihm. Nach Thorvaldsens Rückkehr bat Dalhoff ihn, in seine Fabrik zu kommen, um die von ihm gemachten Versuche in Augenschein zu nehmen. Thorvaldsen ging schon am selben Tage hin, und es freute ihn, die vielen wohlgelungenen Brennungen seiner Arbeiten zu sehen. Nun griff Thorvaldsen die Arbeit für das Fronton des Schlosses, die er seinem Schüler Borup nach seiner Skizze auszuführen übertrug, mit

Ernst an. Die Ausführung fiel zur vollkommenen
Zufriedenheit Thorvaldsens aus, aber die Aufstellung
geschah erst nach Verlauf vieler Jahre. Als Thorvaldsen sah, mit welchem Erfolg Dalhoff wirkte,
bot er ihm die Formen an, die er von seinen Basreliefs hatte, mit der Zusage, daß er sie, wann die
Abdrücke davon genommen wären, vor der Brennung
durchgehen wolle. Dies machte Dalhoff große Freude,
und die Ausführung ging rasch von Statten. Eines
Tages schickte der Conferenzrath mich zu ihm hin,
um ihn um einen Abdruck des Basreliefs: „Die Alter
der Liebe" zu ersuchen. Da Thorvaldsen von allen
Seiten her den Wunsch, diese Arbeit zu besitzen,
aussprechen hörte, die Ausführung in Marmor aber
mit großen Kosten verbunden gewesen sein würde,
meinte Thorvaldsen, daß er Viele erfreuen werde,
wenn dieses Basrelief, in einem dauerhaften Stoffe
ausgeführt, um einen billigen Preis zu haben wäre.
Als es nach Hause gekommen war, sagte Thorvaldsen: „Dies soll meine Arbeit sein in meinen
freien Stunden; ich merke, daß der große Äskulap
mich ermüdet." Als „die Alter der Liebe" auf die
Staffelei kamen, und Thorvaldsen sich die Arbeit
recht beschaute, wurde er ganz traurig und sagte:
„Höre, Wildens, ich möchte fast diese Arbeit
vernichten." Ich fragte ihn, ob die Schuld an
Dalhoff liege; er antwortete aber: „Nein, ich bin
es, der gefehlt hat, und ich kann zu meiner Entschuldigung nur anführen, daß ich sie an Einem

Tage, und obendrein an einem trüben Regentage, ausgeführt habe. Ich überließ es einem meiner Schüler in Rom, dies Basrelief in Marmor zu hauen und kam nicht dazu, die letzte Hand daran zu legen, ehe es abgeformt war. Thorvaldsen machte sich oft daran, sagte aber immer: „Nein, ich weiß nichts Besseres daraus zu machen. Hätten Sie nicht Dalhoff mein bestimmtes Versprechen gegeben, es zu schonen, dann würde ich es zertrümmern. Mein erstes Modell hatte allerdings seine Fehler, die waren aber nicht so groß wie die, womit dieses behaftet ist."

XXXIV.

Als der Fries: „Christi Gang nach Golgatha" in der Frauenkirche angebracht wurde, ersuchte man Thorvaldsen, dahin zu kommen und seine Meinung auszusprechen, ehe er befestigt würde. Er ging auch gleich dahin. Als wir zur Kirchenthür eintraten, entdeckte sein scharfes Auge sogleich, daß der Fries verkehrt zusammengesetzt war, worüber er sehr ärgerlich wurde, und er sagte zu mir: „Ja, Wilckens, wir müssen dahinauf." Ich wollte ihm es ausreden wegen der Höhe, die 20 Ellen betrug, aber er sagte: „Fürchten Sie sich? Ich habe keine Furcht!", und wir erstiegen nun Beide das Gerüste. Wir kamen indessen nicht ohne Schwierigkeiten in die Höhe. Die Zusammensetzung war nicht so mangelhaft, wie es beim ersten Blick den Anschein gehabt, aber Thorvaldsen sprach doch seine Unzufriedenheit gegen die Handwerker aus, die nichts weniger als Tadel erwartet hatten; ja, sie hatten sogar dem Künstler zu Ehren einen Kranz aufgehängt. Als ich auf ihr Begehren meinen Herrn um ein Douceur für sie bat, sagte er: „Nein! Da hätten sie sich ihrer Arbeit auf eine befriedigendere Weise erledigen müssen. Ich gebe ihnen Nichts." Wir verließen nun die Kirche, und es wurde der Sache später nie wieder Erwähnung gethan.

XXXV.

Als die Fregatte mit Thorvaldsens Arbeiten am Holm anlegte, wo sie in Prahme, die sie nach Charlottenburg führen sollten, ausgeladen wurden, ereignete sich ein Unfall durch unvorsichtiges Anbringen eines Taues, als der Kasten, der die ältere Gruppe der drei Gratien enthielt, aus dem Schiffe heraufgehißt und in den Prahm hinabgelassen werden sollte, indem er ausglitt und im Falle nebst seinem kostbaren Inhalte entzweigeschlagen wurde. Da es bedenklich aussah, hatten diejenigen, welche die Aufsicht über das Ausladen führten, zu mir geschickt und mich bitten lassen, ich möchte ihnen einen Künstler schicken, der ihnen bei der nöthigen Ordnung behülflich sein könnte. Da ich dies ohne Thorvaldsens Wissen nicht thun wollte, sah ich mich genöthigt, ihm den Unfall mitzutheilen. Er wurde sehr betrübt darüber und bat mich, sogleich ihn nach der Fregatte hinzubegleiten. Unterweges sprach er kein Wort. Als wir uns der Fregatte naheten, sahen wir, wie der eine Officier nach dem andern sich entfernte, so daß nur die zwei Officiere, die das Commando auf dem Schiffe führten, zurück blieben. Als sie es Thorvaldsen auseinander setzen wollten, wodurch das Unglück herbeigeführt wäre, wollte er sie nicht anhören und redete sie sehr unfreundlich an. Da ich bemerkte, daß er in eine immer gereiztere Stimmung gerieth, obschon die Herren Officiere ihm nichts erwiederten, suchte ich ihn zu vermögen, nach Hause zu gehen, was mir auch gelang. Nach unserer Rückkehr in unsre Wohnung setzte Thorvaldsen sich in sein Sopha und sprach an dem Tage mit Niemandem. Ich bat ihn um Erlaubniß, Borup und Colberg nach der Fregatte zu senden, um die zertrümmerten Gratien auszupacken; er antwortete aber: „Die Figuren sind es nicht werth." Betrübt über den Kummer meines guten Herrn und in der Hoffnung, daß doch eine Möglichkeit vorhanden sei, daß die Gruppe einigermaßen wieder zusammengesetzt werden könne, wagte ich es dennoch. Die beiden Künstler besorgten mithin das Aus- und Einpacken trotz der großen, damit verknüpften Schwierigkeiten, indem die Gruppe bedeutenden Schaden erlitten hatte, welches um so bedauernswerther war, als sie das Modell zu den Gratien war, die Thorvaldsen für Donner in Altona ausgearbeitet hatte. Borup und Colberg fanden sich auf meine Bitte mit aller Bereitwilligkeit den folgenden Morgen ein, um sie vor Thorvaldsens Ankunft zu ordnen, und nach Verlauf von vierzehn Tagen standen die drei Grazien so hergestellt da, daß Thorvaldsen seine innige Freude darüber aussprach.

XXXVI.

Um Weihnachten wurde Thorvaldsen oft zum Weihnachtsbaum eingeladen, und dies amüsirte ihn sehr; ja, ich darf wohl sagen, er freute sich eben so sehr wie ein Kind auf dieses Fest, und doch sagte er immer, daß die Feier desselben hier in der Heimath nicht zu vergleichen sei mit der Feier dieses Festes zu Rom. Auf ein paar kleine Verse, womit der Dichter H. P. Holst einen Pousjirstock begleitete, den er ihm den letzten Weihnachtsabend, den er in Italien zubrachte, an den Weihnachtsbaum gehängt hatte, legte er großen Werth und las dieselben oftmals seinen Freunden vor.

Wenn Thorvaldsen von einer Weihnachtsfeier heimkehrte, brachte er immer eine Menge Kleinigkeiten mit nach Hause, wie z. B. Serviettenbänder, Federwischer, Geldbeutel, Almanache, Schnupftabacksdosen und dergleichen Sachen. — Mehre der ihm gemachten Weihnachtsgeschenke finden sich in meiner Sammlung.

XXXVII.

Oehlenschläger besuchte Thorvaldsen häufig in seinem Atelier. Es amüsirte ihn, sowohl Thorvaldsen arbeiten zu sehen als auch zu hören, wie er den Besuchenden seine Arbeiten erklärte. Ein besonderes Vergnügen hatte Thorvaldsen daran, den Damen „die Alter der Liebe" zu erklären und dann in einem scherzhaften Tone den jungen Damen neckend zu zeigen, wie begierig die Jugend die Hand nach den kleinen Amorinen ausstreckt. Wenn er dann an's Alter kam, pflegte er zu sagen: „Hier sehen Sie mich! Die Liebe wird mir zu schwer." Bei der letzten Figur sagte er: „Sehen Sie, nun fliegt sie mir davon." Gewöhnlich widersprachen ihm die Damen, die ihm versicherten, er werde immer geliebt bleiben. Er zuckte dann gewöhnlich die Achseln, drückte ihnen die Hand und sagte: „Ich wollte, Sie sprächen die Wahrheit!" Als Oehlenschläger eines Tages zugegen war und Thorvaldsens Erklärung mit anhörte, äußerte er: „Das hältst du in die Länge nicht aus, lieber Freund; willst du mir wohl erlauben, dir behülflich zu sein?" Thorvaldsen ergriff seine Hand und sprach: „Ich nehme es mit Dank an, mein lieber Freund, du als Dichter wirst es ja weit besser machen können als ich, zumal da du, wie ich weiß, ein großer Damenfreund bist; doch Eins mußt du mir versprechen, du darfst mich nicht der Gunst Aller berauben." Oehlenschläger erwiederte: „Sei du nur ganz unbesorgt; es würde mir eine Unmöglichkeit sein, die Liebe, womit dich die Damen umfassen, erkalten zu machen." Nach einigen Tagen brachte Oehlenschläger ihm eine in Versen abgefaßte

Erklärung des Basreliefs, die auf Papp geklebt wurde. „Willst du nun, lieber Freund, diese Worte," sagte Oehlenschläger, „über deinem Basrelief auf hängen, so können die Besuchenden sich selbst es erklären." Thorvaldsen hängte es auch sogleich auf, dankte und sprach lächelnd: „Ich will doch nicht das Versprechen geben, nie meine „Alter der Liebe" zu erklären."

XXXVIII.

Als Thorvaldsen das Großkreuz des Danebrogsordens erhalten hatte, wurde er aufgefordert, sein Wappen und seinen Wahlspruch anzugeben, welches ihn in große Verlegenheit brachte. „Ich kenne kein anderes Wappen als ein T., das in meines Vaters altem Petschafte stand", sagte er. Zuletzt nahm er eine Bleifeder, und auf verschiedenen Papieren erschien immer ein Bild des Gottes Thor mit seinem Hammer, mit irgend einer kleinen Abänderung in der Stellung. Dann machte er sich an den Wahlspruch, der gleichfalls auf viele Blätter niedergeschrieben wurde, und da drehte es sich denn immerfort um „Liebe zum Vaterlande." Als Oehlenschläger ihm eines Tages einen Besuch abstattete, zeigte er ihm seinen Entwurf des Wappens, welcher Oehlenschlägers Beifall gewann. „Aber dein Wahlspruch gefällt mir nicht", sagte der Dichter. „Laß mich denn deine Meinung hören", erwiederte Thorvaldsen. „Du bist ja ein Mann der Freiheit", versetzte Oehlen

schläger, darum sollst du diese Worte brauchen:
„Freiheit und Liebe zum Vaterlande".“ „Ich danke
dir für diese Idee,“ rief Thorvaldsen; „du kennst
mich genau und weißt, daß ich, um meine Freiheit
zu behaupten, nicht habe heirathen wollen. Nun
soll es so sein, wie du sagst." Das Wappen wurde
erst nach Thorvaldsens Tode ausgeführt. Eine
Zeichnung davon findet sich in Thorvaldsens eignem
Zimmer im Museum. Sie wurde demselben vom
Wappenmaler Larsen geschenkt, als das hundert=
jährige Fest zur Erinnerung an Thorvaldsens Geburt
begangen wurde.

XXXIX.

Wo Thorvaldsen glaubte, daß Wohlthätigkeit
recht angebracht wäre, war er immer sehr freigebig,
und zwar auf eine milde und freundliche Weise;
hingegen war er äußerst sparsam und knapp in
Allem, was ihn selbst betraf, in Sonderheit rücksicht=
lich seines Anzuges, wovon Nachstehendes ein Zeug=
niß abgiebt.

Da Thorvaldsen auf Nysö gehört, daß man
seine Kleider könne kehren lassen, sagte er, als wir
von da zurückgekehrt waren, zu mir, daß er seine
Röcke wolle kehren lassen.

„Das schickt sich nicht für Sie, Herr Confe=
renzrath", sagte ich; „es sind nur Solche, deren
Umstände es nicht gestatten, daß sie sich neue Kleider
anschaffen, die dies thun." „Warum sollte ich meine

Kleider cassiren", antwortete er, "sie sind ja nicht löcherig." Meine Einreden fruchteten nicht, ich mußte den Schneider holen; diesen ersuchte ich, mir beizustehen und Thorvaldsen anzurathen, sich neue Röcke anzuschaffen. Als der Schneider nun erschien, und die Röcke hervorgeholt wurden, versicherte er, daß das Tuch durch's Kehren weit gröber werde, daß es geschoren werden müsse, und trotz dem werde es doch kein gutes Aussehen haben. Es half aber nichts: wenn Thorvaldsen sich etwas in den Kopf gesetzt hatte, hielt es schwer, ihn davon abzubringen, und er antwortete deshalb: „Das thut Alles nichts zur Sache! Kehren Sie mir nur die Röcke." „Ja, wenn der Herr Conferenzrath durchaus darauf bestehen, dann soll es in's Werk gesetzt werden," gab der Schneider zur Antwort, „aber ich glaube nicht, daß Sie damit zufrieden sein werden." Nach einiger Zeit brachte er die Röcke. Thorvaldsen probirte sie, und sie gefielen ihm sehr wohl. Er bat nun den Schneider, ihm die Rechnung zu bringen, welches auch nach einigen Tagen geschah. Als Thorvaldsen die Rechnung durchsah, schien es dem Schneider, als nähme sein Gesicht einen ernsten Ausdruck an, und er äußerte deshalb: „Ja, Herr Conferenzrath, ich habe es Ihnen voraus gesagt, daß es eine theure Geschichte werden würde, die zwei Röcke zu kehren; daß es eben so viel kosten würde, wie zwei neue." Nun wurde Thorvaldsen heftig und sagte: „Dann müßte ich ja verrückt sein, wenn ich ebenso viel für das Kehren zweier Röcke geben wollte, wie für zwei neue. Das sind ja Spitzbubenstreiche!" Nun kam die Reihe an den Schneider, heftig zu werden: „Das dürfen Sie nicht sagen, Herr Conferenzrath," erwiederte er gereizt: „bin ich gleich nur ein Schneider, habe ich eben so viel Ehre im Leibe wie Sie." Im selben Augenblick griff Thorvaldsen nach seiner Börse und wollte das Geld hinzahlen. „Nein!" sagte der Schneider, „ich will kein Geld annehmen, Sie sagen ja, es seien Spitzbubenstreiche". Mit diesen Worten stürzte er zur Thür hinaus. Ich eilte ihm nach, um ihn zu besänftigen und zu vermögen, das Geld in Empfang zu nehmen, aber er wollte sich nicht dazu verstehen; das Wort „Spitzbube" hatte ihn rasend gemacht, und er lief trotz aller meiner Vorstellungen davon. Als ich zu meinem Herrn zurückkehrte, war auch er seiner zornigen Stimmung noch nicht Herr geworden, und ich bat ihn deshalb, ihm die Sache auseinander setzen zu dürfen. Ich machte ihn nun darauf aufmerksam, daß die Röcke erst hätten aufgetrennt, und das Tuch geschoren werden müssen. Das gebe mehr Arbeit, als neue Röcke zu nähen, und der Herr Conferenzrath habe gewiß vergessen, wie viel das Tuch zu zwei neuen Röcken koste. — Als er sich nun etwas besonnen hatte, sagte er: „Wie konnte der Schneider doch so böse werden, daß er davon lief?" „Ja, Herr Conferenzrath, Sie hatten ihn einen Spitzbuben gescholten", erwiederte ich.

„Ja, Wilckens, nun erst verstehe ich das Ganze, ich habe dem Manne Unrecht gethan. Sie müssen mich zu ihm führen; wohnt er weit von hier?" „Nein, wir gehen bloß über den Marktplatz, dann sind wir gleich in der Nähe seiner Wohnung." „Helfen Sie mir denn beim Ankleiden, damit ich bald mein Unrecht wieder gut mache." Da wir aus dem Schloßthore traten, wollte der Zufall, daß der Schneider gerade auf uns zukam; er wollte uns aber nicht sehen. Als ich meinen Herrn darauf aufmerksam machte, rief er: „Möller, Möller!" und als er zu uns hertrat, ergriff Thorvaldsen seine beiden Hände, drückte sie und sagte: „Ich habe viele Entschuldigungen zu machen, daß ich Ihnen Unrecht gethan. Nachdem Sie fort waren, machte Wilckens mir das Ganze verständlich, und nun müssen Sie gleich mit mir kommen." Er zahlte nun dem Schneider das Geld aus und bestellte außerdem einige neuen Kleidungsstücke, worauf sie als gute Freunde von einander schieden. Als ich den Mann hinausbegleitete, erblickte ich Thränen in seinen Augen, und wie ich zu meinem Herrn hineintrat, sagte dieser: „Er muß doch ein ehrlicher Mann sein, da er so entrüstet darüber werden konnte, daß ich ihn einen Spitzbuben nannte, und es freut mich, daß wir gute Freunde geworden sind".

XL.

Der Hut, den Thorvaldsen aus Italien mitgebracht hatte, war sehr abgenutzt, und ich sah oft, wie die Damen darüber lächelten, und hörte auch mehre Bemerkungen über den alten, rothen Hut. Eines Tages, als wir bei sehr schönem Wetter durch die Osterstraße gingen, hatte ich gerade mehre die Achseln zucken sehen, und ich fragte ihn deshalb, als wir nach Hause kamen, ob ich ihm wohl einen neuen Hut bestellen dürfe. „Weshalb, Wilckens?" fragte er mich, höchst verwundert. „Ich bedarf keines neuen Hutes; der alte ist ja nicht entzwei". „Aber man trägt denn auch nicht einen Hut, bis er entzwei ist", erlaubte ich mir zu sagen. Es gehörte indessen viel Ueberredung dazu, ehe er mir einen neuen Hut zu bestellen erlaubte, und da der Hutmacher kam, um ihm das Maß zu nehmen, bestellte er sich den neuen Hut mit noch viel höherem Kopfe. Als der Hut fertig war und ihm gebracht wurde, war er mit demselben sehr zufrieden, aber er wurde nur bei schönem Wetter in Gebrauch genommen. Diese beiden Hüte finden sich in meiner Sammlung. — Ganz ähnlich ging es auch mit seinem Schuhzeug. Wenn das Oberleder zerriß, und ich ihm den Schaden zeigte, mit der Frage, ob ich ihm ein Paar neue Schuhe bestellen dürfe, erwiederte er: „Nein, es läßt sich sehr gut ein Flicken darauf setzen". Wenn ich ihm dann Vorstellungen darüber machte, daß Niemand, dessen Umstände es erlaubten, sich neues Fußzeug zu verschaffen, altes, geflicktes trüge, sagte er: „Ja, ja, Wilckens, so beschmieren wir die schadhafte Stelle mit Dinte." Sofort nahm er die Feder und setzte einen ordentlichen Klecks darauf. „Sieh mal her, Wilckens, nun geht es wohl an." Als wir eines Abends nach Hause kamen, war das Leder bis an die Sohle geborsten, und als ich ihm dies zeigte, sagte er: „Ja, nun sehe ich wohl, daß die Dinte nicht mehr helfen will. Nun kann Ihr Wunsch, den Schuster zu holen, erfüllt werden."

XLI.

So hatte meine Frau auch viele drolligen Scenen mit Thorvaldsen in Bezug auf seine Wäsche. Als er aus Italien kam, brauchte er Nachts keine Hemden. Auch am Tage trug er sie selten; statt ihrer brauchte er ein flanellenes Unterkleid und Kragen mit aufstehenden Vatermördern. Später verstand er sich doch dazu, sich Hemden anzuschaffen. Als meine Frau ihm einmal mittheilte, daß seine Hemden mit neuen Vatermördern versehen werden müßten, wollte er, daß sie die Vatermörder von einigen alten cassirten Hemdskragen abnehmen und sie annähen sollte, dann würde es schon gehen, meinte er. Als meine Frau darauf nicht eingehen wollte, mußte sie sich in ein weitläufiges Gespräch mit ihm darüber einlassen, um ihm begreiflich zu machen, daß man ihr die Schuld beimessen würde, wenn Jemand es zu sehen bekäme, was ja leicht geschehen könnte, wenn er irgendwo auf dem Lande zum Besuch wäre. Das Ganze drehete sich doch nur um einige dänische Mark. „Ja, ja, Madam Wil=ckens," sagte er zuletzt, „Sie müssen wohl Ihren Willen haben, wie auch Ihr Mann". Traf es sich, daß er einen Knopf, sei es nun auf der Straße oder in den Zimmern fallen ließ, nahm er ihn immer auf, mitunter nicht ohne Beschwerde, und reichte mir ihn hin mit den Worten: „Geben Sie Ihrer Frau ihn, so braucht sie keinen neuen zu kaufen". Daß Thorvaldsen so äußerst sparsam und genau rücksichtlich seiner eigenen Person war, hinderte ihn nicht daran, sich außer=ordentlich freigebig gegen Andere zu zeigen. So kam eines Tages der Professor Kjærschou*) zu ihm und zeigte ihm eine Zeichnung, nach welcher er ein Gemälde zu einem Werthe von mehren hundert Thalern bestellte. Solches Geld zahlte er immer mit Freuden aus ohne die geringste Einrede, wie er auch stets bereit war, Künstlern zu helfen, die sich in Geldverlegenheiten an ihn wandten. Eines Tages kam ein bekannter Landschaftsmaler zu mir und bat mich, Thorvaldsen zu ersuchen, ihn mit Geld zur Deckung seiner Hausmiethe zu unterstützen. Er brachte ein Gemälde mit, das er verkaufen wollte, und Thorvaldsen kaufte ihm es gleich ab, da er von der Geldverlegenheit des Mannes hörte. Dasselbe war mit einem Marinemaler der Fall, der mit einem kleinen Bilde kam, das er verkaufen wollte, um sich Geld zu verschaffen, da er mit einem der Schiffe der Marine abreisen sollte, um Skizzen zu zeichnen. Thorvaldsen fragte, was es kosten solle, und da der Künstler 40 Thlr. forderte, zahlte er ihm sogleich die geforderte Summe aus, mit den Worten: „Ihr Bild gefällt mir sehr gut, aber ich könnte mir auch noch eins wünschen nach den Skizzen, die Sie auf der Reise zu entwerfen gedenken". Der Künstler dankte und fragte, wie groß er das Bild wünsche. Thorvaldsen erwiederte: „Sie können mir eins zu drei oder vier hundert Thalern malen." Das Gemälde wurde erst nach dem Tode Thorvaldsens vollendet; da ich aber bezeugen konnte, daß Thorvaldsen es bestellt, erhielt der Künstler sein Geld, und das Bild kam in's Museum. Das erstere dieser beiden Gemälde schenkte Thorvaldsen mir zu meinem Geburtstage.

XLII.

Thorvaldsen wurde oft zur Kindtaufe eingeladen; er versprach dann immer zu erscheinen; oft vergaß er aber dessen ungeachtet sein gegebenes Versprechen. Wenn ich ihn dann mitunter daran mahnte, seines gegebenen Wortes eingedenk zu sein, mußte ich ihn auch daran erinnern, ein Pathen=

geschenk zu geben, wozu er immer sehr bereit war. Er pflegte dann gern irgend ein Goldstück in seine Westentasche zu stecken, und wenn ich ihn bat, nun auch nicht zu vergessen, es abzugeben, lächelte er und versprach mir, daß er dessen sich schon erinnern werde. Indessen fand ich sehr häufig beim Nachsehen seiner Kleider das Goldstück in der Westentasche, in die er es gesteckt hatte. Wenn ich ihm es dann zeigte, sagte er: „Das war ja höchst unangenehm. Ich muß mich bemühen, das nächste Mal es besser zu erinnern".

XLIII.

Thorvaldsen wurde eines Tages vom Grafen Rantzau in der Friederichsberger-Allee zu Mittag eingeladen. Als ich kam, um ihn abzuholen, war der Graf ihm beim Anziehen behülflich und äußerte bei dieser Gelegenheit: „Thorvaldsen, Sie haben ja keinen Stock." Als der Conferenzrath ihm antwortete, daß er keinen solchen benutze, bat der Graf ihn, den seinigen zu probiren, welches Anerbieten er annahm. Als wir nach Hause gingen, sagte er zu mir: „Ja, er hat Recht. Das war sehr freundlich vom Grafen, mir diesen Stock zu schenken, er hat mir den Gang erleichtert". Als des Grafen Diener den folgenden Morgen sich einfand, um den Stock abzuholen, mußte ich ihm sagen, daß ich denselben nicht gut abgeben könne, indem mein Herr ihn als

ein Geschenk vom Grafen betrachte. Späterhin
stellte der Bediente sich wieder ein und bat nur den
Stock leihen zu dürfen, da er bei einem Drechsler
einen ganz ähnlichen für den Grafen bestellen solle.
Auf die Bedingung hin, daß er den Stock schnell zurück-
brächte, lieh ich ihm denselben, darauf verweisend,
daß Thorvaldsen ihn bereits genau kenne und ihn
beim Ausgehen benutzen wolle. Der Bediente brachte
ihn auch eilig wieder zurück, und Thorvaldsen erfuhr
niemals etwas von seinem Irrthum; er zeigte immer
das Geschenk des Grafen vor und war sehr erfreut
darüber, daß derselbe ihn zum Gebrauche eines
Stocks veranlaßt habe. Einige Zeit nachher ließ
er seinen Namen darauf anbringen. Er findet sich
in meiner Sammlung.

XLIV.

Da das Lottospiel eine der Lieblingsunterhal-
tungen Thorvaldsens war, wurde es in die meisten
Häuser eingeführt, die er besuchte. Besonders wurde
dieses Spiel bei'm Blumenmaler Jensen mit Eifer be-
trieben. Sehr häufig traf es sich, daß Thorvaldsen kein
Geld bei sich hatte, aber die Damen waren immer
sehr bereit, ihm solches zu leihen. Wenn das Spiel
beendet war, bezahlte er das Darlehn immer sehr
gewissenhaft zurück, und dennoch hatte er nicht so
wenige Schillinge in seiner Tasche, wenn er nach
Hause kam. Als ich einmal meine Verwunderung

darüber gegen ihn äußerte, und den Wunsch aussprach, er möge mich auch auf die Weise spielen lehren, antwortete er mir: „Ja, Wilckens, so ist es, wenn man mit Damen spielt". Da der Theatermaler Wallich eben am selben Tage kam, um Thorvaldsen einzuladen, fragte ich ihn: „Wie kommt es doch, daß mein Herr immer im Lottospiele so glücklich ist?" erwiederte er: „Thorvaldsen hat kein größeres Glück als alle Andern; da wir es ihm aber abgemerkt haben, daß es ihm Spaß macht, sind wir unter uns darüber einig geworden, ihn gewinnen zu lassen. Wenn wir sehen, daß ihm nur eine Nummer fehlt, rufen wir sie sogleich aus und beeilen uns, sie wieder in den Beutel zu stecken, damit er unsere List nicht entdecke. Wir thun es Alle mit inniger Freude, da wir bemerken, welche Freude ihm ein solch kleines Glück bereiten kann; aber, Wilckens, Sie dürfen ihm unser Geheimniß nicht verrathen". Dies that ich denn natürlich auch nie. Ein Theil dieser Glücksschillinge werden im Museum aufbewahrt, und in meiner Privatsammlung finden sich auch einige derselben.

XLV.

Als Thorvaldsens Tochter bei ihrem Vater hier zum Besuch war, und sein Geburtstag gerade um die Zeit eintraf, so berieth sie sich mit mir darüber, womit sie ihn wohl an diesem Festtage erfreuen könne. Ich schlug ihr vor, ihm eine Tafeluhr zu schenken, und da sie sich nicht auf Uhren verstand, überließ sie mir den Ankauf derselben. Ich erfüllte ihren Wunsch, und als ihr Vater am Morgen seines Geburtstags in die Stube trat und die Uhr erblickte, erstaunte er sehr und fragte mich, woher die Uhr komme. Als ich ihm antwortete, daß sie ein Geschenk seiner Tochter sei, freuete er sich recht herzlich und rief: „Oh, wie ist das doch schön von ihr!" Die Uhr findet sich auf seinem Schreibtisch im Museum.

XLVI.

Als Thorvaldsen im Jahre 1841 sich dazu entschlossen hatte, nach Rom zu reisen, wurde ihm dies um so viel leichter, als die Familie Stampe auch nach Italien gehen wollte. Vor der Abreise fragte mich Christian VIII., ob ich meinen Herrn nach Rom begleiten solle; ich antwortete, es sei Thorvaldsens Wunsch, daß ich zurückbleibe, um die Aufsicht über seine Sachen zu führen, er wolle aber, daß ich nach Nysö kommen solle, um ihn bis nach Warnemünde zu begleiten. Ich kam nach Nysö einige Tage vor unserer Abreise, indem ich der Meinung war, daß ich meinem Herrn beim Packen behülflich sein sollte; bei meiner Ankunft fand ich aber Alles beseitigt, bis auf zwei Arbeiten, die noch nicht abgegossen waren, nämlich „die Gerechtigkeit", welche Thorvaldsen Kjärulff versprochen hatte, die er aber nicht bekam, und „Amor und Psyche, die einander entgegenschwebend Abschied nehmen". Diese beiden Arbeiten formte er am letzten Tage selbst ab, damit sie der Gipser abgießen könne. Diese zwei Basreliefs sind nicht im Besitze des Museums, da man sie auf Nysö behielt.

Als ich mich Stampes Wohnhause auf Nysö näherte, hatte Thorvaldsen mich erblickt und kam mir sehr freundlich entgegen; er führte mich sogleich durch den Garten in sein kleines Atelier, wo er mir seine Arbeiten zeigte. Dann trug er mir Mehres auf, welches ich während seiner Abwesenheit besorgen sollte, und fragte mich, ob ich nun darauf vorbereitet sei, ihn so weit zu begleiten, als das Dampfschiff gehe, worauf ich antwortete, daß es mir eine Freude sein würde, ihn so weit wie möglich zu begleiten. Er führte mich dann im Garten umher und nach dem Weiher, wo er einige Schwäne zu füttern pflegte, welche, als sie ihn erblickten, aus dem Wasser herauskamen, da sie wußten, daß er Brod für sie in der Tasche habe. Es machte ihm vielen Spaß, mir zu zeigen, wie zahm die Schwäne waren. Den Vormittag darauf gingen wir an Bord. Als wir Prästö*) erreichten, war daselbst eine Ehrenpforte errichtet, und eine große Menschenmenge versammelt; es wurde ein Abschiedsgesang gesungen, und die jungen Damen der Stadt brachten Thorvaldsen einen Kranz von Eichenlaub.

Als das Boot vom Lande abstieß, wurde er mit Ehrensalben und Hurrahrufen begrüßt. In der Bucht bei Prästö wehte schon ein heftiger Wind, und Einer nach dem Andern mußte sich in die Cajüte hinabbegeben. Thorvaldsen und der Professor Ursin, den der König mitgeschickt hatte, um ihn so weit zu begleiten, als das Dampfschiff ging, befanden sich beide wohl auf dem Verdeck, wogegen ich sogleich sehr seekrank wurde. Der Conferenzrath war sehr besorgt um mich und war sogar in der Nacht ein paar Mal unten bei mir und sagte tröstend: „Es ist bald vorüber mit der schlimmen Seekrankheit". Gegen Morgen erreichten wir die Küste, und ich hatte mich wieder erholt. Wir stiegen bei Warnemünde an's Land und hielten uns da ein paar Stunden auf. Dort nahm er Abschied vom Professor Ursin und dem Commandeur, und als die Reihe an mich kam, sagte er lächelnd: „Nun sage ich Ihnen meinen innigen Dank, Wilckens, für die gute Hülfe, die Sie mir auf dem Schiffe geleistet haben." Er drückte mir darauf die Hand und küßte mich zum Abschiede mit den Worten: „Kommen Sie nun gut nach Hause, grüßen Sie Ihre Frau und führen Sie eine gute Aufsicht über Alles daheim. Wünschen Sie Aufschluß über irgend etwas, oder haben Sie etwas mir zu melden, so schreiben Sie mir." Einige Tage vor seiner Abreise ließ Thorvaldsen folgende Annonce in die Zeitungen einrücken:

Im Begriff, meine Reise nach Rom anzu=
treten, um dort meine Angelegenheiten zu ordnen,
bitte ich meine lieben und hochverehrten Lands=
leute durch diese Zeilen, da ich nicht anders
vermag, meinen tiefgefühlten Dank für die herz=
liche Gesinnung, mit der sie mich bei meiner
Ankunft begrüßten, und die später unverändert
und von so vielen Seiten her mir entgegenge=
treten ist, zu empfangen. Es ist mein Wunsch
und meine Hoffnung, nächstes Jahr, wenn das
Museums=Gebäude hoffentlich seiner Vollendung
nahe sein wird, mit meinen in Italien zurück=
gebliebenen Sammlungen in mein Vaterland
zurückzukehren, um dort für mich und dieselben
eine bleibende Stätte in der Mitte meiner Lands=
leute zu suchen. Bis dahin empfehle ich mich
Ihrer liebevollen Erinnerung.
       Albert Thorvaldsen.

Als sein Museum im Verlaufe des Jahres so
weit gediehen war, daß der Richtkranz am 18ten
December aufgehißt werden konnte, und ich wußte,
daß es ihm Freude machen würde, davon in Kennt=
niß gesetzt zu werden, so schrieb ich ihm einen Brief,
worin ich ihm mittheilte, wie die Feierlichkeit ab=
gelaufen war.

XLVII.

Im folgenden Jahre, mithin 1842, am 28sten October, kehrte Thorvaldsen nach Copenhagen zurück, von der Schwester des Theatermalers Wallich begleitet, die ihn in Rom in einer sehr gedrückten Stimmung angetroffen hatte. Als sie Thorvaldsen nach der Ursache fragte, erfuhr sie, daß es ihn gereue, nicht mit dem Schiffe, das alle seine Arbeiten am Bord hatte, abgegangen zu sein. Fräulein Wallich tröstete ihn damit, daß er ohne Zweifel das Schiff noch werde erreichen können, was ihn gleich in bessere Laune versetzte; da sie auch nach Dänemark wollte, erbot sie sich, die Reisekosten mit ihm zu theilen und ihm auf der Reise zur Hülfe und Pflege zu sein. Dies Anerbieten nahm er mit Freuden an, da sein Befinden nicht das beste war. Sie machten sich sogleich an das Packen der Ringe und Kostbarkeiten, die er selbst mit sich führen konnte. Tags darauf gingen sie nach Livorno; als sie aber daselbst anlangten, war die Fregatte bereits Tags vorher abgesegelt. Nun wurde Thorvaldsen höchst ungeduldig. Fräulein Wallich schlug ihm dann vor, über Land zu gehen, und da es ihm viel daran gelegen war, früher als die Fregatte Copenhagen zu erreichen, stellte er ihr Alles bereitwillig anheim. Sein Wunsch ging auch in Erfüllung, denn bei seiner Ankunft auf der Zollbude, wo er von seiner Tochter mit ihren Kindern, dem Etatsrath Thiele und mehren andern Freunden empfangen wurde, erfuhr er zu seiner großen Freude, daß die Fregatte noch nicht gekommen, aber erwartet werde.

XLVIII.

Da es mir zu Ohren gekommen war, daß Einbrüche bei Thorvaldsen mehrmals in Rom wären versucht worden, wurde ich sehr ängstlich, da er nach seiner Ankunft von da seine kostbaren Sammlungen, aus mehren hundert Ringen so wie aus Münzen zu tausenden bestehend, auspackte. Da seine Zimmer in den botanischen Garten gingen, und wir meistens die halbe Nacht aus waren, fragte ich ihn, ob er nicht Sicherheits halber wolle, daß ich eine Geldkiste ankaufe; durch Collin wußte ich nämlich, daß eine solche, die als Meisterstück von einem geschickten Schmiede gefertigt worden, zu haben sei. Anfangs gefiel ihm mein Vorschlag nicht; er gab aber doch seine Zustimmung, als ich ihn darauf aufmerksam machte, mit welcher Leichtigkeit die Diebe zu den Fenstern hineinsteigen könnten, da er parterre wohne. Denselben Tag ging ich zum Schmiede und kaufte ihm die Geldkiste für 400 Rthlr. ab. Als ich meinen Herrn fragte, um welche Zeit des Tages er sie hergebracht wünsche, antwortete er: „Sie mag am liebsten Abends kommen, während ich im Theater bin; Sie dürfen sie aber nicht in meine Zimmer hinstellen; Sie können ihr in meiner Rumpelkammer

einen Platz geben. Diese befand sich hinter Thor=
valdsens Schlafstube. Tags darauf besah er sich
die Kiste; als ich ihm aber zeigen wollte, wie man
sie aufschließe, sagte er: „Nein, das thut nicht
nöthig; ich bin nicht Willens, etwas hinein zu legen."
Auf meinen erstaunten Ausruf: „Weshalb haben
Sie sie denn aber gekauft, Herr Conferenzrath?"
erwiederte er lächelnd: „Ja, sehen Sie, Wilckens,
wenn die Diebe kommen, suchen sie selbstverständlich
nach der Geldkiste; es wird ihnen dann viel zu
thun geben, sie aufzubrechen, und so ziehen sie doch
zuletzt mit einer langen Nase ab."

Als ich den Tag nach Thorvaldsens Tode im
Beisein aller Executoren und des Advocaten Brock,
der den Schlüssel zur Geldkiste in Thorvaldsens
Secretair gefunden, sie zu öffnen aufgefordert wurde,
staunten sie Alle sehr, sie leer zu finden; als ich
ihnen aber Thorvaldsens Gründe angab, fanden sie,
daß dies sehr schlau ersonnen sei. Die Geldkiste
wird im Museum aufbewahrt.

XLIX.

Am Tage nach seiner Rückkehr, den 25sten October
1842, wurde Thorvaldsen eingeladen, sein Museum
in Augenschein zu nehmen. Der Empfang daselbst
war sehr festlich. Der Oberpräsident hielt eine sehr
schöne Rede, und die Committirten waren auch zugegen
um ihn zu bewillkommen. In der Christushalle

wurde ein schöner Gesang vom Dichter Holst verfaßt, vom Gesangverein der Studenten abgesungen, alle Handwerker waren zugegen, und die Wände waren mit Kränzen und Guirlanden behängt. Die ganze schöne Feierlichkeit machte einen starken Eindruck auf Thorvaldsen, und als der Gesang beendigt war, ließ er sich vom Baumeister des Museums, Bindesböll, umherführen. Mit Allem, was er sah, war er außerordentlich zufrieden, zur großen Freude des Architekten, der ihn unter lebhaftem Gespräche nach Charlottenburg begleitete. Als er nach Hause gekommen war, fragte ich ihn: „Sind Sie nun mit dem Ganzen zufrieden, Herr Conferenzrath?" „Allerdings, Wilckens, wenn ich nun nur genug habe, um das Museum zu füllen, es ist sehr großartig, und wenn das Geld nun auch hinreichend da ist, habe ich nur noch e i n e n Wunsch nach, und der ist, daß der liebe Gott mir die Freude zu Theil werden lasse, selbst zu bestimmen, wo meine Arbeiten aufgestellt werden sollen; möchte ich das erleben, dann bin ich zu sterben bereit."

L.

Thorvaldsen war eines Tages beim Admiral Wulff zu Mittag geladen. Unter den Tafelgästen befand sich ein italienischer Commandeur, der eine italienische Fregatte hergeführt hatte, die als ein besonders schönes Schiff gerühmt wurde. Der Commandeur lud die ganze Gesellschaft dazu ein, nach Mittag die Fregatte zu besehen und dann den Kaffee am Bord einzunehmen. Die Einladung wurde mit großer Freude angenommen, und der Commandeur schickte sogleich einen Boten an den auf der Fregatte wachthabenden Officier ab, um Thorvaldsens Ankunft zu melden. Ich kam eben, um vorzufragen, wann ich mich einzufinden habe, um meinen Herrn abzuholen, als die Gesellschaft im Begriff war, sich nach der Zollbude zu begeben. Als der Conferenzrath mich erblickte, sagte er: „Sie kommen eben recht, Wilckens, nun können Sie mit dabei sein, die italienische Fregatte zu besehen." Als wir die Zollbude erreichten, fanden wir ein großes Boot vor mit sechs festlich gekleideten Ruderknechten bemannt; der Admiral führte selbst das Boot, und das Wetter war sehr schön. Als sich das Boot der Fregatte näherte, war jeder der Besatzung an seinem Platze, und als Thorvaldsen das Schiff erstieg, erscholl ein kräftiges, dreimaliges Hurrah von der ganzen Mannschaft. Es dauerte ziemlich lange, bevor Alles in Augenschein genommen war auf dem ungemein schönen und wohlausgerüsteten Schiffe. Dann wurde Kaffee servirt, gesungen und musicirt, zuletzt wurde in ächtem italienischem Weine auf Thorvaldsens Gesundheit getrunken. Es war gegen zwölf Uhr, als die Gesellschaft zum Aufbruch fertig war. Die Witterung hatte sich unterdessen verändert, und die See ging hoch. Der Commandeur lud deshalb die ganze Gesellschaft ein, am Bord zu übernachten; aber obgleich die Damen sehr gern das Anerbieten anzunehmen geneigt waren, wollte Thorvaldsen nach Hause; er fragte darum den Admiral Wulff, ob etwas dabei zu risquiren wäre, welches der Admiral mit einem „Nein!" beantwortete, und Thorvaldsen trieb daher zur Abreise.

Es hatte wegen des starken Seegangs seine große Schwierigkeit in's Boot hinabzukommen; sowohl den Damen als den Herren mußten Taue um den Leib gebunden werden. Da nun die Damen ein bischen ängstlich dabei aussahen, sagte Thorvaldsen in einem heitern Tone zu ihnen: „Sie waren es ja, meine Damen, die es b e s o n d e r s wünschten, hier hinauszukommen, um das Schiff zu besehen, nun müssen Sie sich auf den Admiral verlassen, er wird uns schon wohlbehalten nach Hause befördern."

Als wir bei der Zollbude an's Land stiegen, wollte die Schildwache, daß wir uns beim wachthabenden Commandanten melden sollten; das machte Thorvaldsen viel Spaß. In der Esplanade ging die Gesellschaft auseinander, und Thorvaldsen sagte beim Abschiednehmen: „Ich hoffe, daß die Damen jetzt ihren Schrecken werden überwunden haben, und daß sie, eben so wie ich, sich freuen, nach Hause zu kommen in ihr eigenes Bett."

LI.

Einige Zeit nach seiner Heimkehr klagte Thorvaldsen darüber, daß die alte Krankheit, an der er während seines Aufenthalts in Italien gelitten, sich wieder einstelle. Der Etatsrath Bang besuchte ihn mitunter, und ich theilte ihm eines Tages mit, daß mein Herr über große Schmerzen in der Brust klage. Als er nun zu ihm hineingekommen war, sagte er: „Ich höre von Wilckens, daß Sie sich nicht wohl befinden." „Nein", versetzte Thorvaldsen, meine Brust ist in dieser Zeit sehr angegriffen, und es ist wohl am besten, daß ich der Ruhe pflege." „Das brauchen Sie nicht", sagte Bang: „ich werde Ihnen ein kleines Pflaster geben", und er zeigte mir nun die Stelle an meines Herrn Brust, wo ich das Pflaster anzubringen habe. „Aber," sind Sie von Sinnen, Bang?" rief Thorvaldsen und brach in ein lautes Gelächter aus, „wollen Sie mich noch ärgern Brustschmerzen preisgeben, als die sind, die mich bereits heimsuchen? Nein, bringen wir das Pflaster tiefer unten an, um die Krankheit aus dem Körper zu vertreiben." Bang erwiederte darauf: „Nein, ich kann meine Einwilligung nicht dazu geben, das Pflaster anderswo anzubringen als auf der Brust." Als ich den Arzt hinausbegleitete, fragte ich ihn, ob ich das Pflaster, wenn es Thorvaldsen sehr zuwider wäre, es auf der Brust zu haben, anderswo anbringen dürfe. „Nein, Wilckens," ant=

wortete er mir, „will er es nicht auf der Brust haben, dürfen Sie es nicht anderswo appliciren." Als ich wieder hineinkam, bat ich meinen Herrn um Erlaubniß, ihm das Pflaster auf die Brust zu legen; er antwortete aber: „Nein, Sie sollen es über den Lenden anbringen." „Das kann ich nicht, Herr Conferenzrath: es ist wider des Arztes Ordre. Ich kann nicht wissen, welche Folgen ein solches Verfahren nach sich ziehen könnte." „So können Sie das Pflaster bewahren, ich will keinen Gebrauch davon machen." Einige Tage später sollte ich Thorvaldsen aus dem Theater abholen und ihn nach einer Abendgesellschaft begleiten. Ich bemerkte nun, daß ihm das Gehen sehr beschwerlich fiel, und als ich ihn wieder abholte, konnte er vor Schmerzen in dem einen Beine kaum fortkommen. Ich fragte ihn nach der Ursache dieser Schmerzen; er antwortete mir: „Ach, es ist das verfluchte Pflaster, das mir Bang gegeben, und das ich auf's Bein gelegt habe. Sobald wir nach Hause kommen, müssen Sie mir behülflich sein, es abzulösen." Während des Auskleidens war er voll Schmerzen, und als ich an die Stelle kam, wo das Pflaster lag, wollte es sich nicht ablösen lassen ohne die Haut mitzunehmen, weil er sehr haarreich war. Ich nahm deshalb ein nasses Handtuch und band ihm dieses um's Bein, welches ihm solche Linderung verschaffte, daß er kurz nach dem Zubettegehen einschlafen konnte. Den Morgen darauf ging ich zum Arzte und setzte ihm Alles auseinander. Er lachte und sagte: „Ja, Wilckens, es wird nicht besser werden, wenn ich komme. Das Pflaster muß ab, und ich weiß, daß Haut und Haar mitgehen. Er kam gleich darauf und sagte lachend zu Thorvaldsen: „Ich höre, das Pflaster hat seine Wirkung gethan; es ist wohl am besten, daß ich es abnehme, da Wilckens nicht dazu im Stande ist." Darauf faßte er es mit beiden Händen an und riß es ab, daß Haut und Haare mitfolgten. Thorvaldsen stieß einen lauten Schrei aus und sagte: „Ja, Bang, das haben Sie wohl gethan, um mich wegen meiner Widerspenstigkeit zu bestrafen; wenn Sie mir nun aber mein Bein wieder in Ordnung bringen, so werde ich mich hinfort nach Ihnen richten". Bang verschrieb ihm dann eine Salbe und sagte: „Wenn Sie sich nun einige Tage ruhig halten, dann wird es schon wieder gut werden." Als Bang Tags darauf wieder kam, hatte es sich mit dem Beine sehr gebessert, und er erlaubte darum meinem Herrn, den folgenden Tag ein bischen auszugehen, und binnen Kurzem war das Bein vollkommen wieder hergestellt. Auf Bangs Frage, ob die Brustschmerzen aufgehört hätten, sagte Thorvaldsen „Nein!". „Das wußte ich ja wohl;" erwiederte Bang, „wollen Sie mich nun rathen lassen? Wollen Sie das Pflaster nicht auf der Brust haben, so müssen Sie sich gefallen lassen, daß ich Ihnen eine Fontanelle an beiden Beinen anbringe." Darauf ging er ein, und am folgenden Tage erschien Bang, und die Operation ging vor sich). Da die Fontanellen nicht recht ziehen wollten, mußten wir spanisches Fliegenpflaster anwenden, um das Ziehen zu bewerkstelligen. Als sie nun zu wirken anfingen, ließen auch die Brustschmerzen nach. Nach einiger Zeit klagte Thorvaldsen über Beschwerden im Unterleibe, und Bang sagte dann, es sei Nierengries oder Stein. „Sind Sie nun wieder von Sinnen, Bang?" sagte Thorvaldsen, „ich kann nicht glauben, daß ich daran leide." „Ich glaube es aber für Sie mit," erwiederte Bang, „und ich werde es bald darthun." Beim Weggehen gab Bang mir die nöthige Anweisung, und Tags darauf konnte er wirklich, nachdem er das Resultat gesehen, zu Thorvaldsen hineingehen und mit Wahrheit sagen: „Nun, meine Behauptung war doch die rechte! Sehen Sie hier den Beweis; wollen Sie mir nun glauben?" Thorvaldsen warf mir einen zornigen Blick zu und sagte: „Warum haben Sie etwas unternommen, ohne mir ein Wort davon zu sagen, Wilckens?" „Weil ich wußte, Herr Conferenzrath, daß es sich hier um Ihre Gesundheit handele," erwiederte ich, „deshalb befolgte ich ohne weiteres die Vorschrift des Arztes." Thorvaldsen wurde nun ganz still. Bang verschrieb ihm darauf eine Medicin und gab mir die Anweisung, wie sie anzuwenden sei. Nach Verlauf kurzer Zeit war mein Herr wieder wohlauf.

LII.

Im December 1843 klagte Thorvaldsen, der von einem kurzen Besuche auf Nysö zurückgekehrt war, um eine neue Arbeit anzufangen, über Schmerzen in dem rechten Schienbein. Ich mußte deshalb dafür sorgen, daß er mit dem Beine auf einem Schemel ruhend sitzen konnte. Als ich beim Auskleiden eine kleine Wunde am Beine bemerkte, fragte ich ihn, wie dieselbe enstanden sei. Er gab mir zur Antwort: „Ich nahm auf Nysö ein Bad, und da sie mir beim Abtrocknen behülflich waren, bemerkten sie eine kleine Stelle, die sie für Schmutz hielten; um diesen zu entfernen, kratzten sie mit den Nägeln; dadurch entstand das Loch, aber ich habe es nicht früher beachtet als jetzt, wo es mich zu schmerzen anfängt. Ich fragte nun, ob ich mit dem Doctor darüber sprechen solle. „Nein, Wilckens, das sehe ich nicht gern, da mir die Wunde auf diese Weise gekommen ist." Die Wunde wurde indessen größer und schmerzhafter, aber er ging dennoch aus. Nach einigen Tagen wurde er zum Thee beim Könige eingeladen. Bei seiner Ankunft ging ihm die Königinn entgegen und fragte ihn nach seinem Befinden; es scheine ihr, als bewege er sich mit Beschwerde. Thorvaldsen klagte dann darüber, daß er so unglücklich gewesen wäre, das eine Bein zu stoßen, und die Königinn äußerte deshalb, daß sie ihren Leibarzt, den Justizrath Jacobsen, zu ihm schicken wolle. Thor=

valdsen dankte Ihrer Majestät und bemerkte, daß der Etatsrath Bang sein Arzt wäre; da aber die Königinn versicherte, daß ihr Arzt besonders glücklich sei rücksichtlich der Heilung von Beinschäden, nahm er das Anerbieten an, und die Königinn fügte hinzu: „Ich schicke Jacobsen morgen zu Ihnen." Meinem Herrn war ganz übel dabei zu Muthe, als er mir dies unterwegs mittheilte; aber es schien ihm, es würde unhöflich gewesen sein, das freundliche Anerbieten der Königinn auszuschlagen, und er fragte mich, ob ich wohl glaube, daß Bang es ihm übel aufnehmen werde. Ich erwiederte darauf, daß ich allerdings glaube, daß es Bang nicht gefallen werde, besonders weil Thorvaldsen sich nicht gegen ihn über das Bein geäußert habe. „Ja, Wilckens," fuhr er darauf fort, „so brauchen wir ihm es ja nicht zu erzählen." Tags darauf kam Jacobsen und besah das Bein; er gab meinem Herrn das Versprechen, daß er ihm schon das Bein curiren werde, wenn er sich einige Tage ruhig verhalten wolle. Thorvaldsen wurde indessen sehr verzagt, als Jacobsen mir sagte, daß ich meinen Herrn dazu vermögen solle, sich auf's Sopha zu legen, daß ich ein Stück Wachstuch auf demselben ausbreiten, und mit der Fontanelle nichts vornehmen solle. Das Bein sollte ich fortwährend kalt halten wegen der starken Hitze in demselben, und zu dem Ende ein Handtuch in kaltes Wasser tunken und oft damit wechseln. Bei jedesmaliger Anwendung des kalten, nassen Tuches überfiel Thorvaldsen ein Schauer, und diese Curmethode mußte ich den ganzen Tag in Anwendung bringen. Den folgenden Tag wurde mir dieselbe Vorschrift gegeben. Mein Herr wurde nun sehr ungeduldig, zumal da es ihm nicht gestattet war, mit Jemandem zu sprechen. Am dritten Tage versprach der Arzt, daß er, wenn er nur bis zum Abende aushalten wolle, von der ferneren Anwendung dieses Mittels freigesprochen werden solle. „Wenn ich diese Cur noch länger fortsetzen soll, dann bringt man mich um", sagte er. Am nächsten Tage sagte der Arzt: „Nun können wir mit dem Wasser innehalten, Thorvaldsen muß aber in seinem Sopha ganz ruhig sitzen bleiben und das kranke Bein auf dem Schemel ruhen lassen." „Ja, das will ich auch," sagte Thorvaldsen, als er dies hörte, „aber, Herr Doctor, so müssen Sie mir auch versprechen, mich so weit herzustellen, daß ich am Neujahrstage arbeiten kann; das habe ich immer gethan, und ich hege den Glauben, daß es ein schlechtes Zeichen für mich sein würde, wenn ich am ersten Tage des Jahres nicht bei meiner Arbeit sein könnte." Der Doctor versprach Thorvaldsen, daß er um die Zeit schon so weit hergestellt sein würde. Als der Neujahrsmorgen anbrach, hatte ich Alles so bequem wie möglich für meinen Herrn geordnet, seinen Akademiestuhl und seinen Schemel vor die Staffelei, die ich in den Saal gestellt, hingesetzt, die Küssen zurecht gelegt, und ich freute mich darauf, meinen Herrn froh und zufrieden an seiner Arbeit zu sehen. Als ich ihm ein fröhliches Neujahr gewünscht hatte, sagte ich: "Nun ist Alles für Sie bereit, Herr Conferenzrath, möchte nun nur der Doctor bald kommen; Sie haben ja versprochen, auf dem Sopha zu bleiben, bis er kommt." Der Doctor kam gleich darauf, fragte nach Thorvaldsens Befinden und erhielt von ihm die Antwort: "Nicht viel besser; aber nun muss ich an meine Arbeit." Ich zeigte dem Arzte, wie ich Alles für meinen Herrn geordnet hatte, und nachdem er seine Zufriedenheit damit ausgesprochen, sagte er zu Thorvaldsen: "Nun müssen Sie mich erst sehen lassen, wie die Wunde aussieht." Als er das Bein untersucht hatte, sagte er: "Es sieht nicht gut aus, ich darf Ihnen nicht erlauben, darauf zu stehen oder zu gehen." Thorvaldsen wurde sehr betrübt darüber und sagte: "Ja, ja, ich muss mich wohl darein schicken." Den ganzen Tag war er sehr wortkarg, und es wurde nur Wenigen gestattet, zu ihm hineinzukommen. Als meine Frau ihm sein Mittagsessen brachte, beschwerte er sich gegen sie darüber, dass der Doctor so grausam gewesen, ihm das Arbeiten zu verbieten. "Sie werden sehen, Madam Wilckens," sagte er, "ich habe es auch Ihrem Manne gesagt, sie bringen mich um." Einige Tage, nachdem es ihm erlaubt worden, ein bischen in der Stube umherzugehen, sagte er zu mir: "Diese Unthätigkeit fängt an mir unerträglich zu werden; mein Humor leidet gar zu sehr darunter: nun will ich wieder anfangen zu arbeiten."

Den folgenden Morgen ging er in den Saal, wo er mit dem Arrangement sehr zufrieden war; er nahm Kreide und machte den Umriß zum „Genius des Friedens". „Das", sagte er, „soll meine Neujahrsarbeit sein." Dieser Entwurf wurde bald ruchbar, und Allen, die ihn sahen, gefiel er. Einige Tage später las man in den Zeitungen, daß Thorvaldsen den „Genius des Friedens" componirt habe auf Veranlassung einer bevorstehenden Vermählung einer russischen Großfürstinn mit einem dänischen Prinzen. Als ich meinem Herrn dies erzählte, sagte er: „Es mag wohl sein, daß man sich es so denkt, und es mag vielleicht auch etwas Wahres daran sein; aber nun werde ich den Freiheitshut darauf setzen." Und dies that er denselben Tag.

LIII.

Einige Tage vor seinem römischen Geburtstage, den 8ten März, fing Thorvaldsen seinen Genius der Sculptur an und vollführte ihn eben an dem Tage. „Sehen Sie nun, Wilckens," sagte er, „nun ist mein Genius fertig; aber", fügte er hinzu, „ich bin nicht ganz mit demselben zufrieden. Ich glaube, ich muß den Bildhauer höher stellen." Ich fragte ihn, weshalb er eigentlich den 8ten März seinen römischen Geburtstag nenne. „Das will ich Ihnen sagen, Wilckens," antwortete er mir, „meine Freunde in Rom wollten gern meinen Geburtstag feiern, und da der Tag, an welchem ich daselbst anlangte, der glücklichste in meinem Leben war, gab ich ihnen diesen an. Sie können deshalb wohl einsehen; daß ich heute nicht froh gestimmt sein kann, da ich wegen meiner geschwächten Gesundheit die Einladung habe ausschlagen müssen, die mir meine hiesigen Freunde aus Rom haben zugehen lassen. Sie sollen mich auch verläugnen, ich will heute Niemanden sprechen." Nachdem Thorvaldsen den ganzen Tag hindurch bei übler Laune gewesen war, gelang es mir doch, ihn zu bereden, Abends in die italienische Oper zu gehen. Von da ging er nach Hause, aß in aller Einsamkeit sein Abenbrod und legte sich früh schlafen.

LIV.

Thorvaldsen war einmal bei dem russischen Minister zu Mittag geladen und hatte mir den Befehl ertheilt, ihn um 9 Uhr abzuholen, da er vom Admiral Wulff zum Thee eingeladen war. Als ich kam, bat er mich ein wenig zu warten, aber obgleich ich mehrmals ihn daran erinnerte, brach er doch nicht früher als 11½ Uhr auf. Da ich nun äußerte: „Wir können jetzt wohl nicht mehr zum Admiral gehen, es ist schon so spät geworden", antwortete er mir: „Das thut nichts zur Sache, so bin ich doch da gewesen." Als wir dahin kamen — schlug es 12 Uhr, und der Pförtner sagte, die Gesellschaft sei auseinander gegangen, und seine Herrschaft im Begriff sich zur Ruhe zu begeben. Der Conferenzrath lächelte und sprach: „Ja, Wilckens, nun bin ich denn doch da gewesen." Der Admiral stattete Thorvaldsen Tags darauf einen Besuch ab und glaubte, daß ich es vergessen hätte, ihn an die Einladung zu erinnern; Thorvaldsen antwortete aber, daß wir da gewesen, aber ein bischen zu spät gekommen wären.

LV.

Einige Zeit vor der Krönung Christians VIII. kamen mehre der dem Könige nahestehenden Cavaliere und sagten mir, es sei des Königs Wunsch, Thorvaldsen beim Krönungsfeste zu sehen. Sie ersuchten mich deshalb, wenn Thorvaldsen beim Empfang der Einladung nicht Lust haben sollte sie anzunehmen, ihn zu bereden, beim Feste zu erscheinen. Man vertraute mir außerdem an, daß der König, falls Thorvaldsen dem Feste beiwohnen wollte, beschlossen hätte, ihm den Titel einer Excellenz zu geben. Mir hatte immer schon der Gedanke, daß mein Herr bei dieser großen Feierlichkeit zugegen sein sollte, innige Freude gemacht, aber als ich dies hörte, war meine Freude darüber noch viel größer. Da ich wußte, daß es Thorvaldsens Absicht war, mit Stampes nach Nysö zu gehen, suchte ich den folgenden Tag eine Gelegenheit, mit ihm darüber zu sprechen. Ich erzählte ihm, daß Viele bereits ihre Anzüge bestellt hätten, und fragte ihn, ob ich mich an den Kauf mann, der Anzüge der Art besorgte, wenden dürfe. Er erwiederte: „Nein, das brauchen Sie nicht, Wilckens. Die Baroninn sagt, daß ein solcher Anzug 1,000 oder vielleicht gar 1,200 Rthlr. koste, und eine solche Summe will ich viel lieber auf den Ankauf von Gemälden verwenden. Ich kann sehr gut meine schwachen Beine vorschützen." Ich ging dennoch zum Kleiderlieferanten und erfuhr, daß der Conferenzrath einen Anzug für 4 à 500 Rthlr. bekommen könne, und als ich der Fontanelle an seinem Beine erwähnte, sagte man mir, daß es besondere wollene Strümpfe zu diesem Behufe gebe. Ich erzählte meinem Herrn Alles, als ich nach Hause kam, und er antwortete mir: „Ja, das ändert die Sache; wenn der Lieferant mir dafür stehen kann, daß meine Beine nicht darunter leiden werden, dann will ich gern dem Könige die Freude machen, dem Feste beizuwohnen. Sie können vorfragen, wie lange Zeit wohl nöthig sei, um einen solchen Anzug zu fertigen." Die Antwort lautete 14 Tage. „Ja, dann kann ich sehr gut nach Nysö gehen, denn die Einladung wird mir ja denn doch 14 Tage voraus zugehen". Obgleich ich sehr erfreut war, daß er so bereitwillig auf meinen Vorschlag einging, fürchtete ich doch sehr, daß er seinen Entschluß, während seines Aufenthalts auf Nysö, ändern könne. Als ich einige Tage später eine Unterredung mit dem Marschall Levetzau hatte, wurde er sehr froh zu vernehmen, daß Thorvaldsen sich dazu entschlossen, an der Krönungsfeier Theil zu nehmen, und die Einladung wurde ihm auf Nysö zugestellt. Meine Befürchtung ging nun in Erfüllung; mein Herr hatte sich bereden lassen, die Einladung auszuschlagen. Thorvaldsen hatte dem Könige geschrieben, daß es wegen eines Beinschadens, woran er seit längerer Zeit gelitten, ihm unmöglich sei, im angeordneten Galaanzuge eines Großkreuzträgers zu erscheinen. Als Antwort hierauf erhielt er eine neue Aufforderung zu kommen, ohne sich wegen des Anzugs behindern zu lassen; er möge sich kleiden, wie er selbst wolle, es werde dem Könige lieb sein, wenn er die Feier durch seine Anwesenheit zieren wolle. Dieses schönen Anerbietens unerachtet, ließ er sich dennoch nicht bewegen, sondern blieb das Krönungsfest über auf Nysö. Als er nach Hause kam, erwähnte ich des Festes und sagte ihm, daß es mir zu Ohren gekommen wäre, daß sein Ausbleiben von demselben von Seiten des Hofes nicht gut aufgenommen worden wäre. „Ja, Wilckens," antwortete er, „es hat mich auch gereut, daß ich mich bereden ließ, von diesem Feste auszubleiben. In den nächsten Tagen will ich den Majestäten meine Aufwartung machen und eine Entschuldigung wegen meines Ausbleibens vorbringen." Als Thorvaldsen von da zurückkehrte, äußerte er, er habe es sehr gut merken können, daß die Majestäten seine Entschuldigung wegen seines Nichterscheinens bei der Krönung übel aufgenommen hätten.

LVI.

Es kam eines Tages ein Lakai von der Königinn Caroline Amalie, der vorfragen sollte, ob Thorvaldsen den folgenden Tag Ihre Majestät nebst einigen zugereisten Damen empfangen könne. Sie hegten den Wunsch, ihn zu begrüßen und sein Atelier zu besehen; sie würden zwischen 11 und 12 Uhr bei ihm erscheinen, indem sie zuvor die Frauenkirche in Augenschein nehmen wollten. Thorvaldsen gab ein „Ja!" zur Antwort. Als ich des Morgens zu ihm hineintrat, trug er mir die Besorgung mehrer Gewerbe außer dem Hause auf, weshalb ich fragte, ob ich nicht lieber zu Hause bleiben solle, bis er mit seinem Anzuge fertig wäre. Er hatte aber eben Lust, an dem Tage lange im Bette zu bleiben, da er sich ermüdet fühlte, weil er den Abend vorher spät zur Ruhe gekommen war. Ich legte also seine Kleider nebst ein Paar reine Socken zurecht und entfernte mich. Als ich nach Hause kam, sagte mir meine Frau, daß die Majestät bereits erschienen sei. Es war um eine Stunde früher, als sie sich hatte anmelden lassen, und meine Frau hatte die Königinn bitten müssen, in's Atelier hineinzugehen. Als meine Frau der Königinn Ankunft anmeldete, sagte Thorvaldsen ganz ruhig: „Ja, dann muß die Königinn mich entschuldigen, sie ist ja um eine Stunde früher gekommen, als sie es bestimmt hatte. Ich werde mich aber eiligst ankleiden, denn Ihr Mann ist wahrscheinlich noch nicht zurückgekehrt." Meine Frau antwortete

„Nein!" und er sagte nun: „Es ist einerlei, ich kann mir sehr gut selbst helfen, aber lassen Sie Ihren Mann sogleich zu mir hereinkommen, wenn er wieder da ist." Als ich dies bei meiner Nachhausekunft vernahm, eilte ich zu meinem Herrn hinein und bemerkte gleich, daß er eine reine und eine schmuzige Socke angezogen habe. Sie waren sogar mit einer verschiedenen Nummer bezeichnet, welches man schon von weitem erkennen konnte, indem die Nummern ziemlich groß mit rothem Garn genähet waren. Übrigens war er im tiefsten Negligé: Unterbeinkleider, unpaare Socken, alte, niedergetretene Morgenschuhe, ein langer, grauer Morgenrock und seine alte Raphaelsmütze auf dem ungekämmten Haare. Er stand eben da und entschuldigte sich vor der Königinn wegen seines Anzuges, als ich hineintrat. Ihre Majestät antwortete höchst gnädig: „Nein, lieber Thorvaldsen, wir sind es, die die Entschuldigungen zu machen haben, da wir es sind, die zu frühe gekommen; als wir aber zur Frauenkirche kamen, wurde daselbst Gottesdienst gehalten." Thorvaldsen führte sie ganz ungenirt im Atelier und darauf in den Zimmern umher. Als sie die Gemälde besehen hatten, trat die Königinn an's Fenster und sprach ihre Freude aus über die schöne Aussicht, die Thorvaldsen in den botanischen Garten hatte, und als Thorvaldsen fragte, ob Ihre Majestät etwa Lust habe, den botanischen Garten zu sehen, bejahete sie seine Frage. Er gab mir nun einen Wink, die Thür aufzumachen, bot der Königinn seine Hand und führte sie die Treppe hinab. Als sie in den Garten hinunter gekommen waren, nahm die Königinn seinen Arm. Ich vermuthe, daß sie dies that, weil sie gesehen, wie lästig ihm das Gehen werde in Folge seines schlimmen Beines. Alles war an den Fenstern, und ich konnte das allgemeine Staunen über Thorvaldsens Costüm bemerken, denn beim Hinundhergehen flog der Rock zur Seite, und man konnte sowohl die Unterhosen als die unpaaren Socken bemerken. Beim Abschied wiederholte Thorvaldsen seine Entschuldigung wegen seines Anzugs, aber die Königinn dankte und äußerte, daß es ihnen einen höchst angenehmen Genuß gewährt habe, seine Arbeiten zu sehen und im Garten mit ihm umherzugehen. Sie reichte ihm darauf die Hand und äußerte beim Abschiede, sie hoffe, daß er nicht gar zu ermüdet worden wäre. Als sie gegangen waren, sagte ich: „Wie Schade doch, daß ich nicht zu Hause war, um Sie ordentlich anzukleiden, Herr Conferenzrath." Er lächelte und sagte: „Ich bin ja recht anständig angekleidet: hätte die Königinn Anstoß daran genommen, würde sie ohne Zweifel nicht mit mir im Garten umhergegangen sein." Dieses Spazierganges soll doch öfter am Hofe erwähnt worden sein.

LVII.

Christian VIII. ließ eines Tages Thorvaldsen davon unterrichten, daß er und die Königinn kommen

würden, um zu sehen, wie weit er mit der Statue
Christians IV. gekommen wäre, die in der Capelle
des Roeskilder-Doms*) aufgestellt werden sollte, und
die der König bestellt hatte. Als die Majestäten
kamen, führte Thorvaldsen sie vor die Statue hin
und gab mir die Ordre, die Cavalette umzudrehen.
Des Königs Gesicht sah dabei sehr bedenklich aus,
und mein Herr fragte ihn darum: „Haben Ihre
Majestät etwas zu bemerken?" Der König erwie=
derte hierauf: „Ja, lieber Thorvaldsen, ich habe mir
immer Christian IV. in langen Stiefeln gedacht."
Thorvaldsen antwortete nun: „Ja, Ihre Majestät,
aber es sind ja lange Stiefeln! Man kann es
gewiß auch sehen, daß sie zum Aufziehen sind. Es
würde sich nicht gut machen, wenn ich die Beine
bedeckte, die in den kurzen Stiefeln einen so präch=
tigen Anblick gewähren: auf andere Weise kann ich
die Arbeit nicht zu meiner eigenen Zufriedenheit aus=
führen." Es trat eine augenblickliche Stille ein; dann
nahm der König das Wort und sagte: „Die Königinn
wünscht Sie am Donnerstag bei Tafel zu sehen, wo
Sie mit ihren Brüdern, dem Herzoge und dem Prinzen
zusammentreffen werden." Thorvaldsen verbeugte sich
und dankte, warf mir aber einen Blick zu und sprach:
„Hindert mich etwas daran?" Ich gerieth etwas in
Verlegenheit und antwortete langsam: „Nein!" Er
blickte mich auf's Neue an und sagte: „Findet sich
etwa ein Hinderniß vor, dann sagen Sie mir's!"
Ich sagte bloß: „Orsted." „Was ist es mit Orsted?"

fragte er. „Der Conferenzrath haben eine Einladung zur Feier von Örsteds Geburtstag erhalten und das Versprechen gegeben, mit dem Etatsrath Schouw nach Roeskilde zu fahren." Örsted hielt sich damals bei der Ständeversammlung auf. Thorvaldsen wandte sich nun nach dem Könige um und sprach: „Nein, Ihre Majestät, dann kann ich nicht, ich habe Örsted mein Wort gegeben." Die Königinn sagte nun: „Das thut mir leid, da meine Brüder so gern mit Ihnen zusammen gewesen wären." Er zuckte die Achseln und sagte: „Ich kann nicht, Ihre Majestät, ich muss mein zuerst gegebenes Wort erfüllen." Hierauf antwortete der König: „Ja, da müssen wir es bis ein andres Mal zu gute behalten." Und nun verabschiedeten sich die Majestäten: man merkte es aber gut, daß dieser Besuch nicht nach ihrem Sinne gewesen. Als ich meinen Herrn darauf aufmerksam machte, daß er nicht recht daran gethan, die Einladung auszuschlagen, antwortete er: „Ja, Wilckens, wir sind ja aber einig darüber, daß ich zu denen gehe, von denen ich die erste Einladung bekommen habe". „Ja, Herr Conferenzrath," wandte ich ein, „in andern Fällen, aber nicht nach den am Hofe geltenden Regeln. Nur Krankheit kann eine gültige Entschuldigung des Ausbleibens abgeben, wenn die Einladung vom Königshause ausgeht". „Das ist doch eine sonderbare Regel", erwiederte er, „einer solchen will ich mich nicht fügen, ich will meinen freien

Willen haben und mein gegebenes Versprechen er=
füllen." „Sie können indessen doch glauben, Herr
Conferenzrath, daß die Majestäten es übel aufge=
nommen haben", bemerkte ich. „Ja, ja, Wilckens,"
war seine Antwort, „so muß ich mich darein schicken,
wenn es nur aus keiner andern Ursache ist."

LVIII.

Als Christian VIII. eines Tages Thorvaldsen
in seinem Atelier besuchte, war sein Tochtersohn
Albert Paulsen gerade zugegen. Der König ließ
sich in ein Gespräch mit ihm ein, und es amüsirte
Seine Majestät sehr, Italienisch mit dem Knaben
zu sprechen, der auf eine lebhafte und unbefangene
Weise die Fragen des Königs beantwortete. Der
König streichelte ihm die Wange und sagte: „Ich
könnte mir dein Bild wünschen, wenn es dein
Großvater ausführen will. Du kannst ihn danach
fragen." Der Knabe unterließ es nicht, Thorvaldsen
sogleich zu fragen; er antwortete: „Das will ich
sehr gerne, Ihre Majestät. Es ist mir lieb, daß
Sie meiner Tochter die Freude machen wollen, ihren
Sohn in Ihre Sammlung aufzunehmen; ich muß
in ihrem Namen Ihrer Majestät meinen Dank aus=
sprechen. Es soll meine erste Arbeit im kommenden
Jahre sein." Nachdem der König gegangen war,
sagte der Conferenzrath: „Das freut mich, Wilckens!
Ich hatte selbst daran gedacht, den Jungen zu mo=

delliren, es ist ja aber schöner, daß der König ein Modell bestellt hat." Am Neujahrstage 1843 modellirte Thorvaldsen ihn als einen Jägerburschen, der sich an sein Gewehr lehnt und einen Hund liebkost. Die Arbeit wurde nicht ausgeführt, aber die Skizze findet sich im Museum.

LIX.

Der König und die Königinn kamen einige Zeit nachher in's Atelier, um den großen Herkules zu sehen, der eine Höhe von sechs Ellen hatte und vor dem Schlosse Christiansburg aufgestellt werden sollte. Sie betrachteten die Statue lange und sprachen ihre große Verwunderung darüber aus, daß Thorvaldsen in einem so vorgerückten Alter sich auf das Gerüste wagen dürfe, worauf er antwortete: „Ja, ich freue mich auch, daß ich nun damit fertig bin, denn ich spüre es deutlich, daß meine Kräfte abnehmen. Nun steht der Äsculap da und wartet auf mich, aber ich fürchte, daß mein Äsculap mir seine Hülfe versagt." Die Majestäten trösteten ihn und sagten: „Die Gesundheit wird Ihnen schon beistehen, da es zu ihrer eigenen Verherrlichung ist, daß Sie sie darstellen." Merkwürdig genug, Thorvaldsen spürte nie irgend Lust dazu, diese Statue auszuführen. Ich sagte ihm eines Tages, es scheine mir, daß es mit dieser Arbeit nicht recht vorwärts gehe. „Ja, darin haben Sie Recht, Wilckens", erwiederte er, „mein Äsculap will mir nicht nach meinem Sinn gelingen;

ich glaube, er muss stehen bleiben, bis ich besserer Laune werde." Einige Zeit nachher kam ich eines Morgens in's Atelier und sah, dass der Äsculap umgestürzt war. Es fiel mir recht schwer, Thorvaldsen dies mitzutheilen, aber er antwortete: „Das war in der That recht gut! Ich glaube, es wäre mir nie gelungen, einen guten Äsculap daraus zu bilden. Ich bin nun zu alt, um eine so große Figur auszuführen." An demselben Tage, an welchem die Majestäten den Herkules betrachteten, äußerte der König, dass seine Gemahlinn sich den kleinen Amor, der in Gips da stand, in Marmor gehauen wünsche. Thorvaldsen zuckte die Achseln und sagte: „Nein, Ihre Majestät, das kann ich nicht! Ein solcher kleiner Amor kostet mehr Arbeit als ein großer". Die Königinn sagte: „Es wird mir leid thun, lieber Thorvaldsen, wenn Sie mir das abschlagen". Der Conferenzrath erwiederte darauf: „Ihre Majestät müssen mich entschuldigen, aber da ist noch manche Arbeit für mein Museum zurück, die auf mich wartet, und die ich wohl schwerlich zu Ende bringen werde. Das Modell ist aber hier, und wir haben geschickte Marmorarbeiter." „Aber dann wird es nicht Ihr Werk", erwiederte die Königinn, und hiemit hatte die Unterredung ein Ende.

LX.

Thorvaldsen hatte mich durch ein Schreiben an seinem Museum angestellt und mir dasselbe eingehändigt, damit ich es nach seinem Tode vorzeigen könne. Da es sein Wunsch war, daß ich, so lange er am Leben, bei ihm bleiben solle, er aber meinte, daß ein Anderer statt meiner am Museum constituirt werden könne bis zu seinem Tode, glaubte er es so am besten zu verfügen, und da ich ganz dieselbe Ansicht hatte, war ich in dieser Rücksicht vollkommen beruhigt, bis ich eines Tages eine Unterredung hatte mit dem Conferenzrath Thomsen*), der mich bat, ihm Thorvaldsens Schreiben zu zeigen, welches also lautete:

„Da der Aufwärter Wilckens gegen mich den Wunsch ausgesprochen hat, eine Anstellung als Aufseher an dem meine Arbeiten und Sammlungen enthaltendem Museum zu erhalten, ist es mir lieb, hiedurch diesen Mann Dem oder Denjenigen, denen einst die Verwaltung des genannten Museums übertragen werden möchte, auf's Beste zu empfehlen. Der Aufwärter Wilckens hat mir während meines Aufenthals in Dänemark 1838—40 so gedient, daß ich in jeder Beziehung mit seiner Bedienung zufrieden gewesen bin, und ich habe zugleich Gelegenheit gehabt, ihn als einen verständigen, ordentlichen und gutmüthigen Mann kennen zu lernen, durch welche Eigenschaften er, meiner Überzeugung nach, sich in allen seinen Verhältnissen auszeichnen wird. Seine Ergebenheit für meine Person und seine Ordnungsliebe und strenge Rechtlichkeit in Allem, was ich ihm anvertraut habe, lassen mich voraussehen, daß er in dem genannten Dienste sich durch eben dieselben guten Eigenschaften auszeichnen werde, und es ist mir bereits jetzt ein angenehmer Gedanke, durch diese meine Empfehlung zu seinem zukünftigen Wohle beigetragen zu haben so wie auch hoffen zu dürfen, daß die Aufsicht über meine Arbeiten und Sammlungen einem Manne anvertraut werde, der sowohl als Aufwärter an der königlichen Akademie der schönen Künste als in meinem Dienste Gelegenheit gehabt hat, mit Kunstwerken umzugehen."

Charlottenburg, den 17ten Februar 1840.

Albert Thorvaldsen.

Als Thomsen dieses Schreiben gesehen hatte, sagte er: "Thorvaldsen hat es gut mit Ihnen gemeint; dies Schreiben ist jedoch nicht vollkommen gültig. Sie werden viele Schwierigkeiten zu bekämpfen haben, wenn Sie nicht Thorvaldsen dazu vermögen können, alle Executoren selbiges mit ihrer Namensunterschrift nebst der seinigen zu versehen; dann erst sind Sie Ihrer Sache gewiß. Ich wünsche aber nicht, daß Sie mich als Denjenigen nennen, der Sie darauf aufmerksam gemacht." Tags darauf sagte ich zu meinem Herrn, es habe mir Jemand gesagt, ich könne der Anstellung nicht versichert sein. "Wie können Sie daran zweifeln?" sagte er; "Sie sehen ja aus dem Schreiben, daß es mein Wunsch ist." "Ja, aber das reicht nicht hin, Herr Conferenzrath; es ist eine noch bestimmtere Zusage erforderlich", versetzte ich. Thorvaldsen wurde unwillig und sagte:

„Bitten Sie Collin möglichst bald zu mir zu kommen." Als ich zum Geheimrath kam, fragte er mich, was Thorvaldsen wolle, und ich theilte ihm dann das Ganze mit. „Es mag wohl sein, daß diese Bedenklichkeit nicht ohne Grund ist", sagte er; „sagen Sie Ihrem Herrn, daß ich zu ihm kommen werde, wenn ich in's Finanzministerium gehe." Der Geheimrath kam wirklich auch, und beim Weggehen sagte er zu mir: „Ja, Wilckens, nun sollen die Executoren zu einer Sitzung hier bei Thorvaldsen zusammenberufen werden." Einige Tage später fand die Zusammenkunft Statt, und nachstehendes Schreiben wurde von Thorvaldsen und sämmtlichen Herrn Executoren ausgefertigt:

„Es ist immer mein Wunsch gewesen, daß Carl Friedrich Wilckens, Aufwärter an der königlichen Akademie der schönen Künste, als Aufseher an meinem Museum angestellt werde, in Betracht der Sorgfalt, Ergebenheit und Treue, mit welcher er und seine Frau mich während meines hiesigen Aufenthalts seit dem Jahre 1838 bedient haben. Mitunterzeichnete Executoren des vom Conferenzrath Thorvaldsen gemachten Testaments, denen, dem unter dem 16ten Februar allergnädigst approbirten Codicill zufolge, die nächste Verwaltung und Oberaufsicht über das Museum übertragen wird, geben deshalb im Verein mit mir, Thorvaldsen, dem erwähnten C. F. Wilckens die bestimmte Zusage, als Aufseher am Museum angestellt zu werden mit einer solchen jährlichen Ein=

nahme, daß er durch sein Verzichten auf seinen Aufwärterdienst an der Akademie nichts einbüßt, und mit der Verpflichtung, die Arbeit und Aufsicht daselbst, die ihm von uns übertragen werden möchten, zu übernehmen.

Copenhagen, den 31sten März 1843.

Albert Thorvaldsen.

Collin. J. M. Thiele. H. N. Clausen. Schouw. W. Bissen.

Als die Executoren sich verabschiedet hatten, rief Thorvaldsen mich zu sich und sagte: „Wollen Sie nun lesen, und sagen Sie mir dann, ob Sie noch irgend einen Zweifel hegen." Als ich das Document gelesen hatte, dankte ich und bat ihn, mir nicht zu zürnen. „Nein, Wilckens", sagte er, „weshalb sollte ich zürnen? Sie hatten ja Recht, und es freut mich, jetzt zu wissen, daß Sie des Dienstes gewiß sind."

LXI.

Am 2ten Februar 1842 erkrankte der Admiral Wulff, einer der Freunde, mit denen Thorvaldsen am liebsten verkehrte, plötzlich im Theater während der Vorstellung. Es wurde sogleich ein Wagen geholt, um ihn nach Hause zu bringen, aber ehe er seine Wohnung erreichte, starb er im Wagen. Als ich des Abends meinen Herrn aus einer Gesellschaft nach Hause begleitet hatte, theilte ich ihm dieses

Ereigniß mit. „Das war in der That ein schöner Tod!" rief er aus, „ich möchte wohl auch eines solchen Todes sterben." Es ist bekannt, daß dieser Wunsch Thorvaldsens in Erfüllung ging.

LXII.

Thorvaldsen klagte fortwährend über Schmerzen in der Brust, und da meine Frau eines Tages zu ihm hinaufkam und ihn fragte, ob sein Befinden besser sei, erwiederte er: „Nein, Madam Wilckens, ich merke es wohl, daß es bald ein Ende mit mir nimmt; seitdem meine Fontanelle geschlossen ist, nehmen die Schmerzen in meiner Brust zu." Meine Frau fragte ihn nun, ob er nicht mit Bang zu sprechen wünsche; er antwortete aber: „Nein, Sie können glauben, daß Bang sich beleidigt gefühlt hat; denn er ist nicht hier gewesen, seitdem die Königinn mir ihren Arzt schickte, und ich habe auch nicht recht daran gehandelt, Bang um eines Andern willen aufzugeben, da er mir immer große Sorgfalt erwiesen und ein geschickter Arzt ist."

Als ich mit meiner Frau darüber sprach, machte sie mich ganz besorgt und bat mich, ja möglichst bald zu Bang zu gehen, „es scheine ihr, daß sie Thorvaldsen nie so verzagt gesehen, und sie glaube überhaupt, sein Aussehen nie in dem Grade leidend gefunden zu haben." Ich ging sogleich zum Etatsrath Thiele, erzählte ihm das Ganze und fragte ihn, ob ich nicht zu Bang gehen und in seinem Namen ihn bitten dürfe, meinem Herrn einen Besuch abzustatten. Thiele fragte mich, ob Thorvaldsen eine solche Ordre gegeben, und da ich dies mit einem Nein beantwortete, sagte er: „Von mir dürfen Sie nicht grüßen; wollen Sie zu ihm gehen, muß es ganz in Ihrem eigenen Namen geschehen." „Ja, Herr Etatsrath, ich muß gehen, ich kann es nicht verantworten, meinen Herrn so leidend zu sehen ohne ärztliche Hülfe, und mit Jacobsen will er nicht mehr sprechen." Ich begab mich deshalb auf der Stelle zu Bang und war so glücklich ihn zu Hause zu treffen. Ich bat ihn um die Gefälligkeit, Thorvaldsen einen anscheinend zufälligen Besuch abzustatten, da er nicht wissen dürfe, daß ich beim Arzte gewesen. Bang antwortete mir: „Nein, das will ich nicht, Thorvaldsen hat ja Jacobsen rufen lassen, und ich will nicht mit ihm zusammentreffen." „Dies brauchen Sie nicht zu befürchten, Herr Etatsrath, da mein Herr nicht ferner Jacobsen zu consuliren wünscht", erwiederte ich. „Ja, Wildens," sagte Bang nun, „dann werde ich gern zu Ihrem Herrn kommen."

Den folgenden Vormittag kam Bang zu ihm mit den Worten: „Was machen Sie, Thorvaldsen, Wildens hat mir gesagt, Sie seien krank." Thorvaldsen erhob sich sogleich vom Sopha und näherte sich Bang sehr liebevoll, ergriff seine Hand und bat ihn, im Sopha Platz zu nehmen. Nun klagte er über Schmerzen in der Brust. „Aber", sagte Bang, „wie steht's mit der Fontanelle, zieht sie gut?" Thorvaldsen schwieg, und ich antwortete deshalb: „Nein, sie zieht gar nicht! Jacobsen hat sie sich schließen lassen". „Lassen Sie mich mal sehen, wie sie aussieht", sagte Bang. Ich entkleidete nun meinen Herrn, und als Bang die Fontanelle sah, sagte er: „Sie muss wieder geöffnet werden. Legen Sie eine Pomeranze mit spanischer Fliegensalbe darauf; wir müssen machen, daß sie gut ziehe. Die Brustbeschwerden hangen damit zusammen." Der Etatsrath sagte darauf zu Thorvaldsen: „Es ist am besten, einen kleinen Aderlaß vorzunehmen; das wird eine Linderung der Brustschmerzen bewirken." Aber dazu wollte Thorvaldsen sich keinesweges verstehen, obgleich Bang ihm persönlich die Ader öffnen wollte. Bang erschien nun tagtäglich und war sehr besorgt um meinen Herrn; die Fontanelle blieb aber trocken, obschon viele verschiedenen Mittel versucht wurden. Thorvaldsen dankte mir gleichwohl, daß ich ohne sein Wissen zu Bang gegangen war, und sagte zugleich: „Ich sehe doch, daß Bang nicht so heftig ist, wie die Leute sagen, denn dann könnte er ein Recht haben, mir zu zürnen, daß ich nicht Vertrauen in ihn gesetzt, und es freut mich zu sehen, daß er mir eben so gut ist wie vordem." Bang setzte auch seine Besuche bei Thorvaldsen bis an sein Ende fort.

LXIII.

Es gehörte zu Thorvaldsens liebsten Zerstreuungen in der letzten Zeit seines Lebens, in sein Museum zu gehen und daselbst sich umzusehen. Es trug sich eines Tages, als wir hineintraten, zu, daß einige Arbeiter damit beschäftigt waren, einen tiefen Raum mitten im Hofe zu mauern. Als Thorvaldsen sich demselben näherte, traten alle Arbeiter aus der Vertiefung herauf, und er ging ernst und schweigsam umher und blickte hinunter. Meine Neugierde wurde erregt, um so mehr als er immer sehr mittheilsam zu sein pflegte und sonst immer im Umhergehen mit mir über das Gebäude sprach. Ich dachte bei mir selbst, ob es wohl ein Brunnen werden solle, und fragte meinen Herrn danach, indem ich hinzufügte, es scheine mir Unrecht zu sein, inmitten so vieles Schönen einem solchen Platz zu geben. „Ja, Wilckens," antwortete Thorvaldsen, „dazu muß Bindesböll als Baumeister seine Gründe haben." Kurz nachher sagte Thorvaldsen zu mir, es sei sein höchster Wunsch hier auf Erden, den erwähnten Raum im Hofe zu seiner letzten Ruhestätte zu erhalten. „Dann könnte ich auch," fügte er lächelnd hinzu, „Acht darauf haben, ob Sie auch meinen Arbeiten den rechten Schutz angedeihen lassen." Auch dieser Wunsch meines lieben Herrn ging, wie männiglich bekannt, in Erfüllung.

Am Tage vor seinem Tode fühlte Thorvaldsen sich nicht zum Arbeiten aufgelegt und war nicht bei guter Laune. Er entschloss sich indessen dazu, dem Kronprinzen einen Besuch abzustatten. Unterwegs begegnete uns die Baroninn Stampe. Da er sie nicht bemerkte, machte ich ihn auf sie aufmerksam; er antwortete aber: „Ich habe heute keine Lust mit ihr zu sprechen; gehen wir nur weiter!" Da die Baroninn aber uns erblickt hatte, kam sie zu uns herüber und schlug Thorvaldsen vor, einen Spaziergang mit ihr zu machen, welches er ausschlug, indem er sich damit entschuldigte, er sei im Begriff, dem Kronprinzen eine Visite zu machen und habe dann noch Mehres auszurichten. Er empfahl sich hiemit der Baroninn und ging zum Kronprinzen; Seine Königliche Hoheit waren aber nicht zu Hause. Thorvaldsen schrieb nun seinen Namen in das vorliegende Protokoll. Es war das letzte Mal, dass er etwas schrieb. Als wir von da weggingen, wandelte ihn die Lust an, nach dem Museum hinzugehen, um zu sehen, wie weit man da gekommen. Als wir dahin kamen, wandelten wir lange in den Zimmern umher, und er sprach viel mit mir über die Aufstellung seiner Arbeiten. „Ich wollte, dass die Zeit nahe wäre, wo ich meine Arbeiten aufstellen könnte," sagte er zuletzt, „dann bin ich bereit von hier zu gehen." Denselben Wunsch sprach er auch am letzten Tage seines Lebens bei der Baroninn Stampe aus. Es war 3 Uhr, als wir das Museum verliessen, und da er um 4 Uhr zu einer Mittagsgesellschaft beim Oberpräsidenten Kjärulff eingeladen war, machten wir erst einen Umweg. Unterwegs erzählte er mir, er wolle Kjärulff eine Freude machen mit dem Geschenke eines Basreliefs, die Gerechtigkeit darstellend, wie sie die Krone des Königs und die Sense des Bauern wägt. „Es dünkt mich, Wilckens", fügte er hinzu, „das ist Etwas, was für einen Polizeimann paßt. Es soll dies ein Geschenk sein für all die Mühe, die er mit meinem Museum gehabt hat." Der Oberpräsident bekam es indessen nie; das Basrelief blieb auf Nysö, wo Thorvaldsen es vollführt hatte. Als wir bei Kjärulff eintrafen, kam uns der Baumeister Koch entgegen und sagte zu meinem Herrn: „Wilckens braucht Sie nicht abzuholen, ich werde Sie schon nach Hause fahren." Es war 12 Uhr, als Thorvaldsen kam; aber die Gesellschaft hatte ihm keine Zerstreuung gewährt, er war eben so ernst, wie er den ganzen Tag über gewesen war, und setzte sich still in's Sopha. Ich fragte: „Wollen Sie nun nicht zu Bette, Herr Conferenzrath? Es geht bereits auf Eins". Er bat mich nun, ihn zu entkleiden, und wünschte mir, ehe ich ihn verließ, freundlich eine gute Nacht. Nachdem ich meinen Herrn verlassen, fühlte ich mich seinetwegen sehr besorgt, und sprach gegen meine Frau aus, daß ich ihn den ganzen Tag über so sonderbar schweigsam und ernst gefunden, und daß er mir nicht wie gewöhnlich Etwas über die Mittags- und Abendgesellschaft erzählt habe. Ich fürchtete sehr, daß er erkranken werde, doch hatte ich keine Ahnung davon, daß sein Tod so nahe bevorstehend sei.

LXIV.

An seinem letzten Lebenstage, den 24sten März, klingelte Thorvaldsen mir Morgens um 5 Uhr. Als ich zu ihm hineinkam, klagte er mir, daß er nicht habe schlafen können. Ich suchte ihn zu beruhigen und zu bereden, noch eine Weile im Bette zu bleiben; das wollte er aber nicht. Als er angekleidet war, setzte er sich in's Sopha und fing an zu lesen, schlief aber bald ein und erwachte erst nach ein paar Stunden wieder.

Ich brachte ihm nun seine Morgenmilch und seine Zwiebäcke und fragte ihn, ob er nicht glaube, daß es ihn interessiren werde, das Blatt mit Luthers Bild, das Thiele am Tage vorher gebracht hatte, zu sehen. Er nahm nun die genannte Radirung von Hopfer mit in den Saal und fing an, an der Büste von Luther zu arbeiten; er nahm mehre Veränderungen vor, und blieb den größten Theil des Vormittags bei dieser Arbeit. Er entschloß sich dazu, den ganzen Tag zu Hause zu bleiben, und sagte zu mir: „Bitten Sie gefälligst Ihre Frau für das Mittagsessen zu sorgen; ich werde nicht zu Stampes gehen." „Aber, Herr Conferenzrath", erlaubte ich mir einzuwenden, „Sie haben zu kommen versprochen." „Ich weiß es wohl, aber ich will nicht", antwortete er. „Sie haben auch versprochen, der Feierlichkeit der Maßmannschen Sonntagsschulen beizuwohnen, Herr Conferenzrath", fügte ich hinzu, „und als Ehrenmitglied können Sie gewiß nicht gut ausbleiben. Es wird auch ein neues Stück „Griseldis" im königlichen Theater gegeben." „Ja, Wilckens", fragte Thorvaldsen, „wohin rathen Sie mir nun zu gehen?" Ich erwiederte, daß es, da er nicht recht wohlauf und auch nicht in guter Stimmung sei, und da es wahrscheinlich in der Kirche kalt sein werde, am besten sei, in's Theater zu gehen. „Ja, dann will ich Ihrem Rathe folgen," erwiederte er, „so können Sie mein Billet nehmen, die Feierlichkeit mit ansehen, mich dann im Theater abholen und mir von der Feierlichkeit in der Kirche erzählen. Erinnern Sie sich aber, daß ich zu Hause essen will." Ein paar Stunden nach dieser Unterredung kam Stampes Diener und lud Thorvaldsen ein, eine Spazierfahrt mit der Baroninn zu machen und dann mit ihr irgendwo eine Visite abzustatten. Thorvaldsen antwortete sehr kurz: „Nein, ich habe ja gesagt, daß ich zu Hause bleibe." Kurz darauf kam die Baroninn selbst und beredete ihn doch zuletzt, die Visite zu machen und dann in Gesellschaft mit Oehlenschläger, Andersen, Ernst Meyer und mehren andern guten Freunden bei ihr zu Mittag zu essen. Als ich meinem Herrn beim Ankleiden behülflich war, sagte er: „Vergessen Sie nun nicht, Ihrer Frau zu sagen, daß man es mir nicht habe gestatten wollen, den Mittag zu Hause zu bleiben." Beim Wegfahren bat ich ihn zu erinnern, daß er da, wo der Besuch abgestattet werden sollte, eine Entschuldigung vorzubringen habe, weil er von der Gesellschaft, wozu man ihn kürzlich eingeladen, ausgeblieben sei. Er lächelte und versprach dessen eingedenk zu sein. Es war dies das letzte Mal, daß mein Herr mich anredete.

Sonderbar war es, daß er an dem Tage, dem letzten seines Lebens, über Tische beim Baron Stampe im scherzhaften Tone sagte: „Ja, nun kann ich gern sterben; denn nun ist Bindesböll mit meinem Grabe fertig." Nicht weniger sonderbar war es, daß Thorvaldsen auf dem Wege nach dem Schauspielhause Bindesböll begegnete, der ihn dahin begleitete. Als er in's Theater hineintrat, hatte die Ouvertüre angefangen. Der Erste, den Thorvaldsen antraf, war der Geheimrath Collin, mit dem er einige Worte wechselte, worauf er seinen Platz neben Oehlenschläger einnahm, die zunächst um ihn her Sitzenden freundlich begrüßend. Aber indem er sein Schnupftuch hervorzog, wahrscheinlich weil er sich in Folge der Hitze schwindlig fühlte, und noch bevor er ein Wort mit Oehlenschläger gesprochen hatte, sank er mit geschlossenen Augen nach der einen Seite hin. „Thorvaldsen ist ohnmächtig geworden!" rief Oehlenschläger aus, an die um ihn her Sitzenden gewandt, „machen wir, daß wir ihn hinausbringen!" Dies geschah augenblicklich, aber man überzeugte sich sogleich davon, daß er nicht mehr am Leben sei. Sein Tod traf um 6 Uhr 11 Minuten ein, und so plötzlich, daß die Ouvertüre, die vor seinem Eintritt angefangen hatte, noch fortgespielt wurde, als es von Bank zu Bank in dem gefüllten Hause erscholl: „Thorvaldsen ist gestorben!" Er starb unter den brausenden Tönen des Orchesters. — Wenn ich ausging, sagte ich immer den zuhause Bleibenden, wo man mich werde treffen können, und ich hatte gleichfalls mit dem Controlleur am Hofparquet die Abrede getroffen, wohin er nöthigenfalls nach mir schicken könne. Ich wurde mithin sogleich davon in Kenntniß gesetzt, daß Thorvaldsen im Theater erkrankt sei. Ich eilte augenblicklich nach Hause, und da ich auf dem Marktplatze einen Wagen sah, der gegen Charlottenburg seine Richtung nahm, lief ich aus allen Kräften dahin und sah nun, wie mein Herr hineingetragen und auf's Sopha gelegt wurde. Ich eilte sogleich herbei, um ihm die Kleider aufzulösen, und zu meinem und Aller Erstaunen hob sich der Leib bedeutend. Er wurde gleich zur Ader gelassen, da mehre Ärzte zugegen waren, aber es zeigte sich kein Blut, und man sagte mir, er sei todt, was ich trotzdem noch immer nicht glauben konnte, da er noch immer ganz warm und biegsam war. Ich entkleidete meinen lieben Herrn, und man war mir behülflich dabei, ihn in's Bett zu legen. Collin fragte mich, ob ich irgend eine Assistance in der Nacht haben wolle, worauf ich antwortete: „Nein! meine Frau und ich werden am Sterbebette bleiben." Gegen 11 Uhr verließen alle die Herren, die bei diesem traurigen Ereignisse zugegen gewesen waren, die Zimmer, und meine Frau und ich waren nun unserm tiefen Kummer überlassen. Wir saßen beide am Bette. Gegen 1 Uhr kamen der Landgraf und Bournonville*) zu uns; sie betrachteten den lieben Entseelten, und der Landgraf rief aus: „Du lieber Gott, da ruhet der Stolz Dänemarks!" Als er meine Verzweiflung sah, redete er mir sehr tröstend und freundlich zu. Ich konnte es gar nicht fassen, daß mein Herr gestorben sei. Er blieb warm und biegsam bis um 5 Uhr Morgens, und ich wich nicht von dem lieben Entschlafenen, bevor die Ärzte späterhin gegen Morgen erschienen. Es wurde ein Gesichtsabdruck von ihm genommen, und dieser findet sich in meiner Sammlung.

LXV.

Einige Tage später wurde seine Leiche im Hause obducirt, und es stellte sich nun heraus, daß er an einem organischen Fehler am Herzen gelitten, der, nachdem er 27 Jahre an seinem sonst so gesunden und starken Körper gezehrt, plötzlich den Tod herbeigeführt hatte. Wenn ich mit ihm umherging, sagte er sehr oft: „Stehen wir einen Augenblick still!" Er drückte dann die Hand gegen das Herz und sagte:

„Die Brust, die wird mein Tod werden." Wenn ich ihm widersprechen wollte, sagte er: „Ich bin von einem Arzte darauf vorbereitet worden, der während meines Aufenthalts in Rom mir sagte, sie werde die Ursache meines Todes werden."

Am Freitag den 29sten März kamen die jungen Künstler und trugen meinen lieben Herrn in den Festsaal der Akademie hinauf. Ich ging neben der Leiche. Als dieselbe in den Saal hineingetragen wurde, wurde sie vom Kronprinzen als Präses der Akademie und allen Professoren derselben in Empfang genommen. Der Prinz ertheilte den Befehl, daß vier der Künstler an der Leiche Wache halten sollten, und sein Kammerdiener an der rechten Seite. Diese Trauerwache wurde Tag und Nacht gehalten. Ich behielt meinen Platz, bis ich vom Prinzen gezwungen wurde, der Ruhe zu pflegen, damit ich bei Kräften sei, wann die Beisetzung Statt finden sollte; ich sollte nämlich meinen Platz behalten neben dem Sarge, wenn der Trauerzug durch die Stadt nach der Kirche sich begeben würde. Als die Trauer-Feierlichkeit beendet war, fragten mich der König und der Prinz, ob ich mich stark genug fühle, noch eine Weile stehen zu bleiben, da man wünsche, daß alle Draußenstehenden den Sarg vorbei passiren möchten, welche Frage ich mit einem Ja beantwortete. Da die Volksmenge groß war, dauerte dies gegen 3 Stunden. Nachdem die Kirche geschlossen war, trugen die Künstler die Leiche in die Capelle hinein, wo sie bis 1848 stehen blieb. Nach Verlauf von 26 Jahren erlebte ich es später, daß mir bei Veranlassung des hundertjährigen Festes, welches einen eben so schönen und feierlichen Charakter hatte als die Begräbnißfeier, derselbe Platz am Grabe angewiesen wurde.

LXVI.

Der Tag nach der Beisetzung Thorvaldsens war der Stiftungstag der Akademie. Man war gesonnen gewesen, ein Freudenfest abzuhalten in demselben Saal, wo Thorvaldsen als ein armer, junger Künstler die große goldene Medaille der Akademie erhalten hatte; da aber der Tod vor der Zeit schon eintraf, wurde es ein Trauer= statt eines Freudenfestes. Christian der Achte hatte den Entschluß gehabt, an diesem Tage, in Anlaß des halbhundertjährigen Jubiläums Thorvaldsens, ihn mit einer Jubelmedaille zu ehren. Statt deren schenkte der König dem Museum die Siegesgöttinn, so wie sie der Verstorbene ausgeführt gewünscht hatte, und ertheilte zugleich den Befehl, daß eine Medaille geprägt werde, die den Namen „die Todesmedaille" führen und mit Thorvaldsens Portraitstatue geschmückt werden solle.

Im Frühlinge 1844 wurde ich in die Akademie hinaufbeschieden, wo der König den Präses der Akademie, den Kronprinzen, meine Brust mit dem Kreuze des Danebrogsordens schmücken ließ. Am Tage darauf, dem Eröffnungstage der Ausstellung, sollte ich dem Könige meinen Dank abstatten. Als ich, in Gegenwart der ganzen Königlichen Familie und der Professoren, meinen allerunterthänigsten Dank aussprach für die mir zu Theil gewordene Ehre, da ich doch nur eine so kurze Zeit bei dem Verstorbenen zugebracht hatte, antwortete der König: „Der Kammerdiener eines Königs erhält immer das Ordenszeichen seines Herrn. Thorvaldsen war der König der Kunst, und Sie können sein Ordenszeichen mit Ehren tragen." Nachdem die Königliche Familie mir Glück gewünscht hatte, sagte Seine Majestät: „Ich kann mir's denken, daß Sie nun nur ungern in den Dienst der Akademie zurücktreten, aber wünschen Sie Etwas, z. B. eine Anstellung im Zollwesen?" Da trat der Geheimrath Collin hervor und sagte: „Ihre Majestät! Der Vorstand des Museums hat von heute an Wilckens an demselben angestellt." Darauf wünschte mir auch der König Glück hierzu.

Da das Museum erst vier Jahre nach Thorvaldsens Tode fertig wurde, mußte die Leiche in der Capelle der Frauenkirche bis zum 6ten September 1848 Morgens zwischen 4 und 5 Uhr stehen bleiben. Da kam mein lieber, verstorbener Herr nach seinem Museum. Seine Leiche wurde auf einem Rüstwagen von 24 Soldaten unter dem Commando des Capitain=Wachtmeisters Schou dahin gefahren. Als die Leiche in den Hofraum hineingetragen wurde, stellten sich die Mitglieder des Vorstandes rings um's Grab herum, und der Geheimrath Collin gab nun den Befehl, den lieben Verstorbenen hinabzusenken. Ein Marmorstein mit einer Inschrift, ein kleiner Eichenkranz von Silber und eine Skizze, Thorvaldsens Portraitstatue, wurden mit dem Sarge in's Grab versenkt. Collin, Clausen, Troels Lund, Thiele und Bindesböll standen schweigend am Grabe und verließen es nicht, bevor die Maurer den letzten Stein eingemauert hatten. Im Weggehen sagte Collin zu mir: „Nun brauchen Sie nicht mehr nach der Frauenkirche zu gehen; nun haben Sie den geliebten Verstorbenen in seiner und Ihrer Heimath, wo Sie nun wie bisher das Grab an den Gedenktagen mit Kränzen schmücken können."

Merkwürdig genug, ist es nur sehr selten, daß irgend einer von Thorvaldsens Freunden sich eingefunden hat, um sein Grab zu schmücken. — Ich habe immer am Morgen seines römischen Geburtstages, den 8ten März, an seinem Todestage, den 24sten März, und an seinem Geburtstage, den 19ten November, Kränze auf sein Grab gelegt.